Preguntas que me han hecho sobre el Holocausto

Hédi Fried (1924) es escritora y psicóloga, y está profundamente comprometida con su trabajo en favor de los valores democráticos y contra el racismo. Nació en Sighet (Rumanía), fue deportada a Auschwitz en 1944, estuvo en varios campos de concentración y terminó finalmente en Bergen-Belsen. Después de la liberación se trasladó a Suecia con su hermana, donde vive desde entonces. Su exitosa autobiografía, *The Road to Auschwitz. Fragments of a Life*, se publicó en inglés y en sueco en la década de 1990.

10

Preguntas que me han hecho sobre el Holocausto

Hédi Fried

Traducción de Manu Manzano

Plataforma
Editorial

Título original: *Frågor jag fått om Förintelsen*, originalmente publicado en sueco en 2017, en Suecia, por Natur & Kultur

Derechos gestionados por Silvia Bastos, S.L., agencia literaria, junto con Partners in Stories Stockholm AB

Primera edición en esta colección: enero de 2019

© Hédi Fried, 2017
© de la traducción, Manu Manzano, 2019
© de la foto de Hédi Fried en el interior, Eva Tedesjö
© de la presente edición, Plataforma Editorial, 2019

Plataforma Editorial
c/ Muntaner, 269, entlo. 1ª – 08021 Barcelona
Tel.: (+34) 93 494 79 99 – Fax: (+34) 93 419 23 14
www.plataformaeditorial.com
info@plataformaeditorial.com

Depósito legal: B. 28.328-2018
ISBN: 978-84-17622-14-5
IBIC: BGA

Printed in Spain – Impreso en España

Diseño y realización de cubierta:
Ariadna Oliver

Fotocomposición:
gama, sl

El papel que se ha utilizado para imprimir este libro proviene
de explotaciones forestales controladas, donde se respetan
los valores ecológicos, sociales y el desarrollo sostenible del bosque.

Impresión:
Liberdúplex
Sant Llorenç d'Hortons (Barcelona)

Para todos los jóvenes del mundo.

När sorgen kommer, som när natten skymmer
i vilda skogen, där en man går vill,
vem tror på ljuset, som i fjärran rymmer,
Och sken som skymta fram och flämta till?
På skämt de glimta och på skämt de flykta,
vem tar en lyktman för en man med lykta?

Cuando el dolor llega, como cuando cae la noche sobre los bosques salvajes, donde un hombre
se pierde, ¿quién cree en la luz que llama en la
distancia y en el resplandor que aparece y luego
se desvanece? Si con desdén se desvanece y con
desdén se enciende, ¿quién toma a un vigilante
por un hombre con una linterna?

Tröst, GUSTAF FRÖDING

Índice

Índice

Prefacio

Han pasado muchos años desde que escribí mi autobiografía, *The Road to Auschwitz: Fragments of a Life*, y los libros posteriores. Desde entonces, he dado conferencias en escuelas y universidades con la firme convicción de que las generaciones más jóvenes deben mantener vivo el recuerdo del Holocausto si queremos asegurarnos de que nunca se repita. Lo que sucedió una vez puede, lamentablemente, volver a suceder, aunque no sea exactamente de la misma manera. Para prevenirlo es importante recordar, porque el pasado deja su huella en el presente y proyecta su sombra hacia el futuro.

A principios de septiembre de 1940, el norte de Transilvania fue devuelto a Hungría por Rumanía. Al principio, yo estaba desesperada. La persecución de los judíos había comenzado, aunque todavía no existía una amenaza directa para nuestras vidas. Sin embargo, no pasó mucho tiempo hasta que llegaron noticias desde Rumanía de que los judíos eran enviados a Ucrania, donde se veían obligados a cavar sus propias tumbas antes de recibir un disparo. Entonces me alegré de que perteneciéramos a Hungría. Me acostumbré a nuestras circunstancias precarias y me alegré de que ya no estuviéramos bajo el dominio rumano. Todavía puedo verme tejiendo calcetines de lana para las pobres almas que eran transportadas en trenes congelados de Rumanía a Ucrania, en pleno invierno, a quienes no se les permitía llevar ropa de abrigo. Luego llegó marzo de 1944, la invasión de los alemanes, y entonces tuve todas las razones para llorar porque ya no perteneciéramos a Rumanía. Los rumanos no entregaron a sus judíos a los alemanes; en su lugar, pagaron cien dólares a cada persona que se fuera a Israel.

Al final, fui una de las afortunadas. Tuve suerte muchas veces.

Mi suerte comenzó en el momento de nuestra llegada a Auschwitz, donde mi hermana y yo sobrevivimos a la selección y pudimos salvarnos de las cámaras de gas. Los eventos fortuitos se repitieron varias veces durante mi año de cautiverio. Lo más importante es que no terminé en uno de los peores campos de trabajo.

Desde Auschwitz me enviaron a tres campos de trabajo diferentes, donde normalmente nos encargábamos de limpiar escombros. Muchas otras personas fueron llevadas a campamentos donde tuvieron que trabajar por turnos en fábricas subterráneas, minas o canteras. Varias veces me encontré en situaciones en las que estaba segura de que había llegado mi último momento, pero algo sucedió y sobreviví.

En los campos nunca se sabía si un cambio significaría la vida o la muerte. Aunque a veces tampoco lo sabes en la vida cotidiana. Vivimos una vida tranquila, en la que pasan los días, en la que no te das cuenta de nada. El cambio ocurre poco a poco, hasta que de repente la imagen se ve clara y nos preguntamos: ¿cómo ha podido ocurrir esto? La vida nos enseña que todo puede cambiar en un instante, y nunca se sabe de antemano si el cambio llevará a algo mejor o peor.

Mis conferencias suelen constar de tres partes, con un mayor énfasis en la tercera. Comienzan con un intento de retratar a las personas del pasado y sus condiciones de vida, lo que contribuyó a hacer posible el Holocausto, continúan con la historia de mis propias experiencias, y terminan con un amplio período de tiempo para que me hagan preguntas.

Insisto en que no hay preguntas estúpidas ni prohibidas, pero también en que algunas preguntas no tienen respuesta. No hay, por ejemplo, una respuesta única a la pregunta «¿Por qué ocurrió el Holocausto?». Esto hace que las otras preguntas que la rodean sean más importantes.

En este libro he reunido las preguntas más comunes que me hacen para ayudar a aquellos que quieren saber más sobre el Holocausto. Mi esperanza es que lo lean los jóvenes de hoy y de mañana y los beneficie.

El objetivo de este libro es enseñar a evitar errores históricos. Espero que ayude a todos los que lo lean a ver que no estamos predestinados a asumir el papel de perpetrador o espectador.

Como individuos, tenemos voluntad y responsabilidad, y solo asumiendo esa responsabilidad podemos evitar que la historia se repita una vez más.

HÉDI FRIED, diciembre de 2016
(actualizado en julio de 2018)

«¿Qué es lo peor que le ha pasado?»

Si me preguntas qué es lo peor que me ha pasado, puedo responder con una frase: el momento en que me separaron de mis padres.

Pero quiero dar una respuesta más larga. Te contaré acerca del camino que nos llevó hasta ese momento. El programa del plan de exterminio de los judíos por parte de los alemanes era un proceso muy lento, muy hábilmente calculado. Del mismo modo en que el ojo no puede ver la metamorfosis gradual de un capullo a una rosa en plena floración, tampoco notamos los pasos pequeños, casi imperceptibles, que conducirían, al final, a la ejecución completa de su plan, algo que no podíamos imaginar ni en nuestros sueños más salvajes. De repente, se introducía un cambio a peor, pero se podía vivir con él. Pasaría, pensamos. Pero no pasó. En cambio, hubo otro cambio más. De nuevo, reaccionamos con la esperanza de que también pasara pronto. Nunca sabíamos cuál sería el siguiente cambio o cuándo llegaría.

A pesar de todo lo que he pasado, tuve suerte. Lo peor que podría pasarle a una persona no me sucedió a mí. Para empezar, no fui atrapada por la red alemana hasta los últimos momentos de la guerra, en la primavera de 1944, cuando la mayor parte de los judíos de Europa ya habían sido hechos prisioneros.

Nací en Sighet, una pequeña ciudad de Rumanía, en la parte norte de Transilvania, un área por la cual los húngaros y los rumanos han estado luchando durante muchos siglos. Incluso hoy en día, ambos países consideran que tienen un derecho sobre la región. Antes de la Primera Guerra Mundial, el área era húngara y pertenecía a la monarquía austro-húngara. Después del Tratado de Trianón en 1920, pasó a pertenecer a Rumanía, y cuando estalló la Segunda Guerra Mundial hubo mucha presión de Alemania para devolver el área a Hungría. En septiembre de 1940, los húngaros marcharon hacia el norte de Transilvania y nuestro destino quedó sellado.

Algunas de las leyes de Núremberg se implementaron de inmediato, lo que significó que la situación financiera de los judíos se volvió cada vez más grave. Los funcionarios públicos judíos fueron despedidos. A los médicos y abogados judíos solo se les permitía tratar y representar a otros judíos. A los no judíos no se les permitía comprar en las tiendas judías. Las escuelas y las universidades estaban cerradas a los niños judíos. Era malo, pero nuestras vidas no estaban amenazadas. Y puedes acostumbrarte a cualquier cosa.

Una de las lecciones del Holocausto es esta: nunca te acostumbres a la injusticia. Una injusticia es como un grano de arena en la mano: por sí solo, su peso puede parecer insignificante, pero las injusticias tienden a multiplicarse, pronto se vuelven tan pesadas que ya no puedes soportarlas. Y aún pasaría algún tiempo antes de que sucediera la siguiente injusticia.

Usábamos nuestro poco dinero como mejor podíamos y, considerando lo que estaba sucediendo en Alemania y en el resto del mundo, nos alegramos de que aún viviéramos sin un peligro inminente para nuestras vidas.

A Hitler le fue difícil aceptar que los ochocientos mil judíos de Hungría todavía vivieran con razonable comodidad y exigió su extradición. Al principio, el jefe de Estado de Hungría, Miklós Horthy, se negó, pero fue arrestado y los alemanes nombraron primer ministro a Ferenc Szálasi, líder del movimiento nazi Partido de la Cruz Flechada. Szálasi también quería deshacerse de los judíos, y el 19 de marzo de 1944 abrió las fronteras a las tropas alemanas.

A partir de ese día, las cosas empezaron a suceder muy rápidamente. De inmediato, se ordenó a los judíos húngaros que dibujaran en tela una estrella amarilla y se la cosieran a la ropa que utilizarían en público. A los judíos no se les permitía estar en las calles, excepto cuando hacían recados urgentes: no debían detenerse y hablar entre sí, no debían ir al cine ni comer en restaurantes ni quedarse en los parques. Simplemente teníamos que aceptar todo aquello. La desobediencia era castigada con la muerte. Una vez más, fue solo otro paso más, y todos esperábamos que no hubiera más. Pero los hubo.

Apenas cuatro semanas más tarde, se nos informó que al día siguiente empezaría el traslado de los judíos de la ciudad. Todos los judíos serían trasladados, calle por calle, al gueto recientemente designado en la parte norte de la ciudad. Nuestra calle fue la primera. Se nos permitía llevarnos lo que pudiéramos cargar; las carretillas estaban permitidas.

Cuando comenzamos a empaquetar, me despedí de las cosas que me costaba dejar atrás. Primero, escondí mis diarios en una viga del techo, luego toqué una última vez el piano y acaricié la tapa mientras la cerraba. Paseé la mirada por la estantería, acaricié los lomos de mis libros y salí al patio para abrazar a Bodri, nuestro leal perro guardián. Traté de calmarlo y de calmarme a mí misma con la idea de que el vecino seguramente no se olvidaría de cuidarlo. De vuelta en la casa, me detuve frente a las fotografías de mis abuelos y les pedí que vigilaran nuestro hogar mientras estábamos fuera.

Estaba convencida de que regresar era solo cuestión de tiempo. La guerra ya no pintaba bien para los alemanes. Rusia había resultado ser un hueso más difícil de roer de lo que habían pensado. En mi ingenuidad, pensé que los alemanes perderían pronto, Rumanía recuperaría la posesión de sus territorios, todo volvería a la normalidad y podría regresar a la universidad.

A la mañana siguiente me desperté a la realidad. Vinieron los *gendarmes* (los policías del Ayuntamiento), papá cerró la casa con llave, se la guardó en el bolsillo y nos llevaron al gueto. En ese momento empezó una época aún más difícil. Pero, una vez más, tenías que acostumbrarte. Y todavía teníamos la esperanza de que la guerra acabaría muy pronto.

Nuevamente, apenas habían pasado cuatro semanas (solo dos meses desde la invasión de los alemanes), cuando escuchamos al tamborilero en la esquina de la calle redoblando el tambor y gritando: «¡Atención, atención! Los judíos deben salir del gueto. Deberán empaquetar un máximo de veinte kilos de enseres cada uno y esperar frente a su puerta mañana, listos para el *Abtransport*, para ser transportados».

¿Adónde? Nadie lo sabía. Mi madre estaba desesperada. «Nos van a matar», dijo llorando.

No podía aceptar su derrotismo y respondí: «No, ¿por qué iban a hacerlo, no hemos hecho nada. Ya verás como nos mandan al interior de Hungría para trabajar en los campos. Todos los hombres están en el frente, necesitan que trabajemos en la siembra de primavera».

Y mi madre se dejó consolar.

¿Qué eliges cuando solo te permiten veinte kilos? Mamá empaquetó mayormente comida, alimentos que no se echaran a perder. Nos pusimos varias capas de ropa y zapatos resistentes. Yo misma llené una pequeña bolsa con un conjunto de ropa interior, mi diario y un libro de poemas de mi poeta favorito, Attila József. No podríamos anticipar que incluso aquello, nuestras últimas posesiones, nos sería arrebatado.

A la mañana siguiente esperamos en la puerta con nuestro equipaje. Nos obligaron a ponernos en filas de a cinco y nos llevaron por las calles de la ciudad hacia la estación de tren, donde nos esperaba un tren de ganado.

«Para ocho caballos», ponía en los costados de los vagones, y nos empujaron adentro, cien personas en cada uno.

Estaba repleto y oscuro. Solo un pequeño agujero que dejaba pasar algo de luz y de aire. Nos amontonamos lo mejor que pudimos, pero no había suficiente espacio para que todos se sentaran. Pusieron dos cubos para aliviar nuestras necesidades y dos cubos de agua, cerraron las puertas correderas con candados y el tren arrancó. El viaje duró tres días y tres noches en las circunstancias más abominables. Fue interrumpido por paradas intermitentes, mientras el hedor y la sed se hacían insoportables. Pedimos ayuda en vano. Nada sucedió hasta la noche del 17 de mayo. Fue entonces cuando llegamos a Auschwitz.

«¿Por qué Hitler odiaba a los judíos?»

Recuerdo un chiste macabro que se contaba durante la guerra. Jacob le pregunta a Daniel: «¿Quién comenzó la guerra?». Y Daniel le responde: «Los judíos y los ciclistas». «¿Por qué los ciclistas?», le pregunta Jacob. «¿Por qué los judíos?», le responde Daniel.

Mientras crecía, poco a poco empecé a saber cosas del mundo que había más allá de mi pequeña habitación, el gran mundo: que los otros niños vivían en condiciones diferentes, que no todos hablaban el mismo idioma, que no todos iban a la sinagoga como yo. A medida que crecía, entendía más detalles de las conversaciones de mis padres, y empecé a sentir miedo. ¿Qué estaba pasando? Mis padres hablaban de política, de las siguientes elecciones y del riesgo de que nosotros, los judíos, tuviéramos problemas si ganaba el partido de los agricultores antisemitas. Los liberales todavía estaban en el poder y yo estaba muy orgullosa de que el hermano mayor de papá fuera un miembro del Parlamento. Al mismo tiempo, escuchaba las discusiones sobre Alemania, ese país lejano, donde un partido que perseguía a los judíos estaba en el poder. «¿Por qué?», pregunté.

Mi padre me contó la historia del antisemitismo. Cómo, muy atrás en el tiempo, la gente creía en muchos dioses diferentes. En Ur, en Mesopotamia, había una pequeña tribu gobernada por un hombre llamado Terah, un fabricante de ídolos. Su hijo, Abraham, dudaba de que unos pocos terrones de barro sin vida pudieran gobernar el mundo. Llegó a la convicción de que tenía que haber un poder superior invisible. Nació una nueva religión: el monoteísmo, la creencia en un solo Dios verdadero, y Abraham se convirtió en su padre fundador. La religión recibió el nombre de judaísmo y se extendió. Pero al resto del mundo le costó mucho aceptarla.

Después del nacimiento de Cristo, una nueva clase de monoteísmo comenzó a extenderse. Fue conocida como cristianismo. Jesús mismo era judío, un rabino de una de las varias facciones judías. Pronto, más personas siguieron la doctrina de Jesús y sus discípulos salieron al mundo a convertir paganos. Los profetas cristianos trataron de convencer a los judíos para que adoptaran el cristianismo, pero, cuando los judíos se negaron con firmeza, fueron acusados de haber asesinado a Cristo. La persecución de los judíos tomó formas cada vez más odiosas.

Varias acusaciones infundadas comenzaron a extenderse y la caza al judío se convirtió en algo común a lo largo de los siglos. Dos de estas acusaciones en particular han sobrevivido hasta hoy, a pesar del hecho de que su falta de fundamento se ha demostrado una y otra vez.

Una de ellas es que los judíos asesinaban a niños pequeños y usaban su sangre para hornear pan para la Pascua. La primera vez que se difundió este rumor fue en la Edad Media, en un pueblo de Europa del Este. Un día, a principios de la primavera, un joven cristiano desapareció y el panadero judío de la aldea fue acusado de haber matado al niño para usar su sangre para el pan de Pascua. Fueron interrogados falsos testigos, quienes afirmaron haber visto el incidente. Eso fue suficiente para que los aldeanos iniciaran un pogromo: se armaron con garrotes y marcharon contra los judíos, listos para asesinarlos a todos.

Más tarde, cuando la capa de hielo del lago cercano se derritió, el cadáver del niño flotó a la superficie. Pero eso no ayudó. Pronto, la siguiente aldea haría la misma acusación cuando un niño surgiera del hielo. El último juicio basado en tal alegación se celebró en 1883 en Hungría.

La otra acusación infundada fue una mezcla de mentiras originadas en la Rusia zarista y compilada en un folleto titulado *Los protocolos de los sabios de Sion*. Esta fue una invención acerca de cómo los judíos ocuparon diversos puestos de liderazgo en todo el mundo. En una reunión a fines del siglo xix, clamaba, habían elaborado un plan detallado para lograr la dominación global. Hitler tomó esta patraña paranoica como una verdad manchada de sangre; lo llevó a temer a los judíos y expresó ese miedo a través de un odio agresivo y de la determinación de exterminar a todos y cada uno de ellos.

El odio de Hitler hacia los judíos era tan fuerte que se podría decir que no hizo la guerra contra los aliados, sino contra los judíos. Continuó movilizando vagones para el transporte de judíos a Auschwitz incluso cuando eso significó no disponer de trenes para transportar soldados al frente.

Paradójicamente, la población alemana en general no era antisemita. Por lo tanto, había una fuerte necesidad de fomentar el antisemitismo entre la gente, y Goebbels, el ministro de propaganda, fue muy ingenioso en esto. Cine, arte, literatura, educación: todo estaba impregnado de la doctrina antisemita. Los prejuicios se consolidaron y a todos los niños alemanes se les enseñó que los judíos no eran personas y que debían ser eliminados. Los judíos eran alimañas que había que exterminar, los judíos eran un tumor en el cuerpo limpio del Reich, y el cáncer debía ser extirpado.

La respuesta más simple a la pregunta es que Hitler odiaba a los judíos porque eran judíos.

«¿Cómo era su vida antes de la guerra?»

La vida en la tranquila y pequeña ciudad de Sighet transcurría sin incidentes. Los aproximadamente treinta mil habitantes de la ciudad se componían de un sinnúmero de minorías étnicas, de las cuales los judíos éramos los más numerosos. Cuando pienso en ello, vienen a mi memoria algunos eventos que ilustran cómo era la vida:

Tenía tres años y había empezado preescolar. Me sentía mayor y, después de unos días, insistí en que nadie viniera a recogerme; quería caminar hasta casa por mi cuenta. Mamá no estaba de acuerdo, pero al final triunfó mi terquedad. Era mediodía y el grupo de niños pequeños salimos por la puerta, camino a casa, conmigo en el medio. Algunos iban hacia la derecha, otros hacia la izquierda. Estaba absorta en una conversación con una amiga mayor y no pensé en qué camino debía tomar para llegar a casa. Sin mirar alrededor, seguí a mi amiga y me uní al grupo, que giró a la izquierda.

Mientras caminábamos, noté que más y más niños se alejaban, hasta que solo mi amiga y yo nos quedamos charlando. Pero las palabras pronto se congelaron en mis labios cuando ella también se detuvo junto a una puerta. Estaba completamente sola. Solo entonces miré a mi alrededor y vi que no sabía dónde estaba. Al darme cuenta de que estaba perdida, me asusté. Me eché a llorar.

Una mujer se asomó por una ventana y me preguntó por qué lloraba. Respondí que no sabía cómo llegar a casa.

—¿Cómo te llamas? —me preguntó.

—Hédike —le contesté.

—¿A quién te pareces, a mamá o a papá?

—A papá.

—¿Dónde vives?

—En una casa con una puerta roja.

—No llores, Hédike —continuó la mujer—. Yo te llevaré a casa. —El pueblo era lo suficientemente pequeño como para que aún pudiera reconocerme, ya que me parecía mucho a mi padre.

La mayoría de las personas en Sighet se conocían, aunque no socializaran entre sí. La vida transcurría de manera similar entre los diferentes grupos sociales, que estaban determinados por la clase en lugar de por la etnia. Estaban los muy pobres y los un poco más ricos. Nuestra familia pertenecía a estos últimos. Todas las familias de ese grupo tenían ayuda doméstica; hoy se llamaría «criada».

Anna, nuestra criada, se levantaba temprano, a eso de las seis, y encendía el fuego en la estufa para que no tuviéramos que levantarnos en una habitación congelada. Anna tenía que persuadirnos: teníamos frío y no queríamos salir de la cama.

Luego nos vestía, nos daba el desayuno y nos llevaba a la escuela. Solo entonces se levantaban mis padres. Después del desayuno, papá se iba a trabajar y mamá se iba al mercado para hacer las compras.

«¿Cuándo se dio cuenta de que su familia estaba en peligro?»

No puedo recordar cuándo me di cuenta de que mi familia podía estar en peligro. Pero, cuando lo hice, supe que era el tipo de peligro al que se enfrentaban todos los judíos, no solo nuestra familia. Supongo que la idea fue echando raíces durante mucho tiempo antes de que llegara a la superficie de mi conciencia en mi adolescencia.

Comenzó cuando tenía catorce años y me enamoré de un chico que trabajaba en la oficina de correos. Los rumores de guerra estaban en el aire y las escuelas estaban adiestrando a los jóvenes para que contribuyeran en caso de que surgiera un conflicto. Se nos permitió elegir un campo en el que aprenderíamos a ser útiles. Algunas chicas eligieron el hospital para aprender enfermería, algunos chicos, la fuerza policial, y yo quería ingresar en el servicio postal. Éramos seis estudiantes que caminábamos hacia la oficina de correos dirigidos por nuestro profesor de arte. Estaba feliz y emocionada. Iba a ver a mi novio y aprendería el código morse, algo que me interesaba mucho. El director de correos nos saludó y nos recibió ceremoniosamente, nos habló del clima político incierto y de la importancia del servicio postal en ese contexto, nos explicó que todo lo que sucedía en la oficina de correos era clasificado... Y en ese momento se interrumpió bruscamente, miró a su alrededor y dijo: «Supongo que todos en esta sala son rumanos».

La maestra me miró y dijo, vacilante: «Nooo, no todos».

El jefe de correos dejó encima de la mesa los papeles que sostenía en la mano y dijo: «En ese caso, no podemos continuar». Y tuvimos que volver a casa.

Ese día llegué a casa aullando y mamá se asustó mucho. Se temía lo peor. «¿Qué te ha pasado?», me preguntaba una y otra vez. Yo simplemente continuaba sollozando. Finalmente, logré explicárselo. Estaba tan enojada y humillada que quería que mamá me prometiera que nos iríamos del país. No podía seguir viviendo en un lugar que me despreciaba, que me veía como a un ciudadano de segunda clase. Mientras tanto, papá llegó a casa a almorzar y ambos se dedicaron a tratar de consolarme, de hacerme cambiar de opinión. Me explicaron que no teníamos adónde ir, que el antisemitismo existía en todos los países del mundo y que mientras no tuviéramos un país propio no tendríamos otra opción. Teníamos que acostumbrarnos a ello. Pero yo no quería acostumbrarme, no iba a aceptarlo, aunque al final me calmé. Ese fue probablemente mi primer despertar.

A medida que pasaba el tiempo, la amenaza se acercaba cada vez más. Los judíos estaban en peligro, y eso incluía a mi familia. No puedo recordar ningún miedo consciente. Era, más bien, una presión inexplicable, fastidiosa y constante sobre mi pecho, a veces más intensa, a veces más débil, pero nunca desaparecía. Un ser humano no quiere creer que puedan pasarle cosas malas. Yo también quería creer al oficial de la SS (la fuerza policial de élite de Hitler) que le había dicho a mi padre que todo lo que había oído acerca de la persecución de los judíos eran solo rumores. «Los alemanes son gente civilizada», le dijo el oficial.

A veces pienso en lo que mamá dijo acerca de acostumbrarse y lo fácil que es.

«Nunca me acostumbraré», dije entonces. Pero, cuando miro hacia atrás, eso es exactamente lo que hice. La voluntad de vivir de un ser humano es tan fuerte que no se dará por vencido hasta que sienta el filo del cuchillo contra su garganta. Y para entonces puede haber llegado a ser tan apático que tan solo piense: «No importa, simplemente que sea rápido». Eso fue lo que pensé cuando, al llegar a Auschwitz, un prisionero me dijo que habíamos entrado en un campo de exterminio. ¿Así que era la muerte lo que nos esperaba allí? Pues que sea rápida, entonces. Más tarde, cuando fui separada de mi madre, una sensación de alivio se apoderó de mí. Me di cuenta de que a los jóvenes se les permitía vivir. Pero, al mismo tiempo, me inundó una intensa pena. «¿Y a mi madre, qué le va a pasar a mi madre?» Y, hasta el día de hoy, todavía no me atrevo a llevar ese pensamiento a su conclusión.

Las injusticias deben ser cortadas de raíz. En Alemania, deberían haberse llevado a cabo protestas a principios de la década de 1930. Solo un par de años después ya fue demasiado tarde.

«¿Cómo pudo un pueblo entero seguir a Hitler?»

El racismo que llevó al Holocausto tiene raíces que se remontan al pasado. Se trataba de mantener unido al rebaño mediante la codicia y el miedo. Estas fueron las emociones que Hitler explotó para reclutar a miembros para el Partido Nazi.

Las arengas de Hitler llamaban a la unidad dentro de la gran raza alemana, a la reconquista de las tierras perdidas y al temor de una conspiración judía mundial que abarcaba tanto el capitalismo como el comunismo. Las personas estaban descontentas con la situación de Alemania en aquel momento, con políticos débiles y un alto desempleo. Hitler jugó con el sentimiento de traición que muchos alemanes sintieron al final de la Primera Guerra Mundial: la patria humillada y el sufrimiento del pueblo que exigía la restitución. Llamó a la unidad nacional y prometió pan y trabajo.

A principios de la década de 1930, el nazismo no tenía muchos seguidores. Sin embargo, gracias al carisma y al poder de la palabra que poseía Hitler, cada vez más personas se unieron a él. Eran personas de todos los estratos de la sociedad: líderes industriales y empresariales que pensaban que podían beneficiarse de su política, militares a quienes les gustaban sus ideas racistas, personas comunes que estaban cansadas de la pobreza y mujeres cautivadas por su encanto. Hitler ejercía una fuerza hipnótica sobre las mujeres y se convirtieron en sus votantes más leales. Hoy en día parece extraño, porque, según él, el papel de las mujeres podía resumirse en «K. K. K.», es decir, *Kinder, Küche, Kirche*, niños, cocina, iglesia.

Hitler tenía personas hábiles para ayudarlo. Se dirigieron a los jóvenes e idearon una poderosa propaganda a través del cine, la literatura y el arte. Los judíos fueron caricaturizados, comparados con las plagas y con los parásitos. La propaganda antisemita iba dirigida a todos los grupos de edad: comenzó enfocándose en los niños pequeños, continuó en los libros de texto escolares y terminó en la literatura y en las películas para adultos. A día de hoy, *El triunfo de la voluntad*, de Leni Riefenstahl, es visto como un eficaz modelo de propaganda.

En los libros de texto había elementos de propaganda en cada tema. El siguiente problema de matemáticas de un libro de texto de la escuela secundaria publicado en 1935 es solo un ejemplo: «¿Cuántos préstamos del Gobierno sería posible otorgar a los recién casados con la cantidad de dinero que el Gobierno gasta en cuidar de los discapacitados, los criminales y los locos?».

Se hizo mucho hincapié en la educación física de los jóvenes: debían endurecerse tanto física como mentalmente.

Eran reclutados por las Hitlerjugend (Juventudes Hitlerianas), en las que la vida de los campamentos y la camaradería
los convirtieron en los lacayos más fieles del Führer. Las niñas tenían su propio subgrupo, Bund Deutscher Mädel
(Liga de Muchachas Niñas Alemanas), en la que se las adies-
traba para ser ciudadanas modelo y se las educaba para ser
madres de muchos hijos.

A pesar del creciente apoyo a Hitler, la población en general no era antisemita. Pocos fueron seducidos por la propaganda antisemita. Algunos se unieron al partido porque
querían probar algo nuevo, otros debido a la presión de sus
iguales.

Un hombre, joven estudiante de derecho en aquel momento, me explicó cómo dos de sus buenos amigos y cole-
gas, quienes inicialmente habían estado completamente en
contra de Hitler, se convirtieron lentamente. Uno de ellos
lo justificó diciendo que ninguno de los demás partidos tenía una solución a la mala situación política y financiera
y que, por lo tanto, podría ser el momento de intentar algo
nuevo. El otro fue atraído por el número cada vez mayor de
miembros del partido, porque había comenzado a pensar
que «la masa no puede estar equivocada». El entonces estudiante que me contó la historia nunca se dejó influenciar;
en su lugar, se mudó al extranjero. Con el tiempo, cada vez
eran menos las personas que objetaban.

«¿Por qué no se defendieron?»

Luchar activamente en 1944 habría sido un suicidio. Debería haber aparecido una resistencia activa antes de que los nazis llegaran al poder. Pero la resistencia pasiva todavía se podía encontrar en Sighet. Las células comunistas se organizaron a escondidas. Todo fue muy secreto, y a mí, el miembro más joven, se me permitió participar en el entrenamiento ideológico. Leí a Marx y a Engels y pronto fui una comunista dedicada que, en lugar de recitar la oración vespertina que el abuelo me había enseñado, ahora canturreaba *La Internacional* a la hora de acostarme. Vimos en el comunismo nuestra única potencial salvación del nazismo, y muchos jóvenes huyeron a través de la frontera con la vecina Unión Soviética, en parte con la esperanza de ser rescatados, pero también en parte con la esperanza de poder luchar activamente contra los alemanes desde las líneas soviéticas.

Un día, a finales de la década de 1940, cuando terminó la guerra, el timbre de la puerta sonó en mi casa de Aspudden, Suecia. Abrí la puerta y me encontré a dos jóvenes que no reconocí. Se presentaron como Moishi Kaufmann y David

Stern, extrabajadores de la pequeña fábrica de cartón de mi padre. Recordé a uno de ellos: estaba entre los que habían huido a la Unión Soviética. Siempre lo había envidiado por atreverse a marcharse y así escapar del Holocausto. Pero entonces escuché una historia completamente diferente.

Una noche, él y su amigo habían subido a Solovan, una colina de los Cárpatos, para encontrarse con un guía que los ayudaría a cruzar la frontera con la Unión Soviética. Después de pagarle con sus últimos ahorros, recorrieron a tientas el denso y oscuro bosque. Se escondían durante el día, dormían unas horas y continuaban durante la noche. Tres días después llegaron a la frontera, donde el guía les dio instrucciones para seguir adelante con su viaje. Desde allí, tenían que encontrar su propio camino, simplemente hasta llegar al valle de abajo, donde los esperaba la libertad. Siguieron avanzando, pero el bosque parecía que nunca acababa. Se perdieron y cuando se quedaron sin provisiones aún no habían visto un alma viva. Después de un par de días más, fueron detenidos por los guardias fronterizos, interrogados y llevados directamente a la cárcel. Su explicación, que eran judíos, militantes comunistas que huían de los alemanes, no sirvió de nada. Los rusos pensaron que eran espías alemanes. Sin más explicaciones, los subieron a un tren con varios cientos de personas más y, después de un viaje de varias semanas, fueron depositados en Vorkutá, en la Siberia más profunda.

Mucho más tarde, después de haber sufrido varios años en las condiciones más difíciles que se puedan imaginar, finalmente lograron huir del campo de internamiento. Llegaron a Finlandia, donde descubrieron que la guerra ya había terminado. Se dirigieron a Suecia y en ese momento estaban en Estocolmo mientras esperaban para viajar a Palestina.

Mientras que algunos se iban a la Unión Soviética, otra manera de resistir pasivamente era esconderse en las montañas. Hubo algunas personas en Sighet que lo intentaron, pero ninguna de ellas tuvo éxito. Fueron vendidas por agricultores antisemitas, que vieron la posibilidad de ganar algo de dinero.

Cuando llegamos al campamento, la mayoría de nosotros estábamos demasiado apáticos para luchar. Ninguno teníamos fuerzas para pensar, simplemente acatábamos las órdenes. Te aferrabas a la vida, no importaba lo difícil que pareciera. Hasta que los prisioneros percibieron que la situación era totalmente desesperada y supieron que morirían de todos modos no empezaron a luchar activamente.

Los prisioneros en Sobibór intentaron escapar del campo de exterminio. Solo lo lograron algunos. Unos pocos consiguieron huir, pero la mayoría de ellos murieron por los disparos de los alemanes o de alguna otra manera en los bosques circundantes.

En Varsovia quedó claro que el gueto entero sería vaciado y que nadie escaparía del transporte a las cámaras de gas. Con la ayuda de armas introducidas de contrabando en el gueto por el movimiento de resistencia polaco, los prisioneros mantuvieron su posición durante cuarenta días. Unos pocos lograron escapar por las alcantarillas. Al final, las SS prendieron fuego al gueto y solo veinte supervivientes fueron capturados y expulsados.

En el otoño de 1944, los Sonderkommando, los prisioneros que trabajaban en los crematorios 3 y 4 de Auschwitz, decidieron volar los edificios. Sabían que serían gaseados de todos modos: los hombres del Sonderkommando eran reemplazados rutinariamente cada seis meses, sabían demasiado como para seguir vivos. Establecieron contacto con seis niñas que trabajaban en la fábrica de municiones vecina y les pidieron que les pasaran en secreto algunos explosivos. La explosión fue un éxito y los alemanes se pusieron furiosos. Los hombres fueron gaseados y las niñas fueron ahorcadas en presencia de todo el campo.

«¿Qué recuerda de su llegada a Auschwitz?»

Fue entrada la noche del 17 de mayo de 1944. Los vagones de ganado, con su carga humana de 3.007 judíos húngaros de Sighet, Transilvania, se detuvieron en una vía lateral, retrocedieron, volvieron a arrancar y se detuvieron de nuevo más adelante, solo para repetir el procedimiento varias veces más. Fuimos de un lado a otro durante varias horas, hasta que finalmente nos detuvimos frente a una estación que decía «Auschwitz».

Las puertas se abrieron de golpe, los brillantes proyectores nos cegaron y estalló un ruido infernal. Los rugidos de los oficiales de las SS se mezclaron con los ladridos de los perros y con el llanto de los niños. Teníamos que bajarnos del vagón del tren lo más rápido posible, los hombres a la derecha, las mujeres a la izquierda. Todo lo que habíamos traído con nosotros tenía que ser dejado atrás. Hombres vestidos con ropa a rayas y que blandían porras ayudaban a las SS a vaciar el vagón del tren. Rápido, rápido, *schnell, schnell*, gritaban. Las familias permanecían allí, indefensas, sin querer separarse unos de otros. Cuando las porras empezaron a volar sobre nuestras cabezas y los oficiales de las SS nos aseguraron falsamente que al día siguiente nos reuniríamos y nos entregarían nuestro equipaje, todos fuimos empujados al andén.

Pero mi padre y yo nos quedamos atrás. ¿Adónde habíamos llegado? No pudimos ver a ningún oficial de las SS en el vagón del tren, así que papá fue a hablar con uno de los hombres vestidos a rayas, que parecían judíos. Después de echar un vistazo rápido a su alrededor, aquel hombre le susurró: «*Vernichtungslager*», «campo de exterminio». En ese momento me di cuenta de que mamá probablemente había percibido lo que venía cuando dijo: «Nos van a matar».

Bajo un aluvión de ladridos e insultos en alemán, las personas, desorientadas, angustiadas y llorando, se apresuraron a bajar del tren mientras trataban de evitar los golpes. Los miembros de las familias se perdían en la confusión sin la oportunidad de decirse adiós. «Rápido, rápido», yo también tenía que saltar al andén y comparecer ante mi juez. Salté del vagón del tren y respiré hondo. Después de tres días en aquel sofocante y apestoso espacio, fue un alivio poder respirar, a pesar de que el aire estaba cargado de un olor horrible y penetrante. Los focos hendían la oscuridad de la noche con un brillo nebuloso. Emitían su luz sobre la multitud angustiada, las vías brillantes y los cañones de las armas de los soldados de las SS.

Mi madre, flanqueada por mi hermana y por mí, siguió la cola de mujeres hacia una cerca de alambre de púas, donde esperaba el doctor Mengele, el médico nazi que se convertiría en despreciablemente célebre por sus crueles experimentos con los prisioneros judíos. Con un ligero movimiento de su látigo, envió a mamá a la derecha y a mi hermana y a mí a la izquierda.

Esa fue la noche en que perdí a mis padres. Fueron llevados a la caseta de los baños, engañados, les hicieron creer que iban a ducharse, pero, en lugar de agua, fue gas Zyklon B lo que llenó la «cabina de ducha».

Nunca pude despedirme de mamá y papá, nunca pude abrazarlos por última vez.

«¿Qué significó tener a su hermana con usted en los campos?»

Después de separarnos de nuestros padres, mi hermanita Livi y yo nos agarramos de la mano y empezamos a caminar. Ahora solo nos teníamos la una a la otra. Ya nos habían arrebatado a papá al bajar del vagón del tren, y ahora a mamá... No me atreví a pensar en lo que les sucedería. Mi corazón quería saltar de mi pecho; la única persona a la que podía aferrarme ahora era a mi hermana. Y le agarré la mano muy fuerte. Todavía no sabía cuán importante era que nos tuviéramos la una a la otra. Quedó claro a medida que pasaron los meses. A partir de ese momento nos mantuvimos juntas. No nos soltábamos de la mano, una no se movía sin la otra, dormíamos una al lado de la otra.

Mirando hacia atrás, me parece una transformación notable. A lo largo de nuestra infancia, habíamos sido como perro y gato. Los celos estaban siempre presentes, nos peleábamos con uñas y dientes y nunca la quería cerca. Pero la responsabilidad de ser la hermana mayor llegó en el campo: la defendería con todo lo que tenía. En varias ocasiones, sin embargo, fue ella la que me ayudó, e incluso me salvó la vida.

En Auschwitz, muchas de las otras prisioneras estaban celosas de las que nos teníamos la una a la otra. Las personas que llevaban allí mucho tiempo nos dijeron que aquellos que estaban solos perdían fácilmente la voluntad de vivir. Si no estabas solo, la responsabilidad que sentías por el otro te ayudaba a evitar que la voluntad de vivir se desvaneciera.

El azar gobernaba la vida en los campos de exterminio. Cada día tenía sus sorpresas. Un día no sabías dónde trabajarías y después de un corto tiempo en un campo de trabajo podías ser transferida a otro. Los que dirigían los campos no querían que nos sintiéramos demasiado en casa en ningún lugar. Es posible que temieran que formáramos lazos de amistad que nos ayudaran a rebelarnos o a escapar. En esos momentos, era muy fácil que las amigas fueran separadas, y eso es lo que nos pasó a Livi y a mí en Auschwitz cuando se formó un grupo de trabajo. Fui seleccionada, y se suponía que ella debía quedarse atrás. Contra todo pronóstico, me las arreglé para volver subrepticiamente al barracón donde estaba ella. Por suerte, no nos separamos de nuevo nunca más.

«¿Cómo era vivir en los campos?»

La mayoría piensa en Auschwitz cuando hace esta pregunta. Pero había una gran diferencia entre las condiciones de los campos de exterminio y las de los campos de trabajo.

El campo de concentración no es un invento alemán, y los alemanes no fueron los únicos en utilizarlos. Los ingleses tenían campos en la India antes y durante la guerra. Allí reunían a ciudadanos de los países enemigos por temor al espionaje. En esos casos, un campo de concentración significaba un área aislada donde los encerrados eran liberados después del final de la guerra.

Los campos de concentración alemanes, en cambio, fueron construidos para personas que debían ser encarceladas indefinidamente debido a su origen étnico, su religión o su orientación sexual. Estas personas eran utilizadas y se abusaba de ellas, y el objetivo final era deshacerse de ellas. Había seis campos de exterminio con cámaras de gas y crematorios: Auschwitz, Treblinka, Bełżec, Sobibór, Chelmno y Majdanek. Allí, el asesinato se convirtió en una operación industrial: entraba un ser humano vivo, salía ceniza. Todos estos campos se encontraban en un territorio anteriormente polaco o ucraniano. Eran campos de exterminio: el objetivo era que nadie sobreviviera.

Campos como Bergen-Belsen y Theresienstadt no tenían crematorios, los prisioneros no eran gaseados. No eran campos de exterminio, pero eran igualmente inhumanos: miles de personas murieron de hambre, enfermedades y maltratos.

Cuando llegamos a Auschwitz, ya nos habían despojado de todo lo que poseíamos, incluso de la ropa que llevábamos puesta. Pero todavía teníamos fuerzas para trabajar, y esas fuerzas fueron usadas. Las fábricas necesitaban mano de obra mientras todos los hombres estaban en el frente, por lo que se establecieron una gran cantidad de campos de trabajo repartidos por todo el Reich. En estos campos, los prisioneros debían realizar trabajos inhumanos mientras sufrían malos tratos y los alimentos escaseaban.

Pero, como ya he mencionado, la mayoría de la gente que hace esta pregunta quiere saber cómo fue en Auschwitz.

En resumen, se podría decir que era como vivir en una burbuja gris. El suelo era de color gris por el polvo, los barracones eran grises, la ropa de los prisioneros era gris, el cielo estaba gris por el humo. Era una vida en el limbo. El tiempo no existía, no sabías si llevabas allí un día, un año, toda tu vida...

Quiero citar a un superviviente, Yehiel De-Nur, quien testificó en el juicio contra Adolf Eichmann y dijo:

Auschwitz era otro planeta. El tiempo pasaba a una escala diferente que aquí en la Tierra. Allí no nacían hijos, y nadie moría de muerte natural. Los padres no tenían hijos, los hijos no tenían padres.

El propósito de evitar que algunos prisioneros fueran gaseados era venderlos a las fábricas, donde trabajarían hasta que no les quedaran fuerzas. Las solicitudes llegaban de vez en cuando y, después de una selección, los elegidos se transferían a varios campos de trabajo contiguos a las fábricas. Los que quedaban atrás eran enviados a las cámaras de gas.

Como los alemanes no tenían la intención de mantenernos con vida por mucho tiempo, la comida era como se podría esperar. Se calculaba para mantener con vida a un ser humano durante solo tres meses. Alrededor de trescientos gramos de pan negro, que en su mayoría era serrín, duraría todo el día, junto con cinco gramos de margarina y, a veces, un poco de mermelada o un trozo de salchicha. Además, estaba aquello que llamaban «café», un líquido negruzco con un solo beneficio: estaba caliente.

En Auschwitz nos daban «café» por la mañana y, a la mitad del día, un lodo marrón, una sopa hecha de raíces y mondas de patata, a veces con un hueso. En el campo de trabajo nos daban «café» por la mañana y otra de aquellas «sopas» por la noche. Algunas prisioneras frugales dividían el pan en tres, de modo que les durara tres «comidas». Otras, incluida yo misma, no podíamos evitar comérnoslo todo tan pronto como lo repartían.

Nos recostábamos en nuestras «literas», en nuestros dormitorios, todo el día, interrumpidas solo por el incesante *Zählappell*, el recuento de las prisioneras. Era otro medio de atormentarnos. A todas horas éramos dispuestas en la zona frente al campo, alineadas en filas de a cinco y contadas sin cesar.

El día solía comenzar cuando nos despertábamos al amanecer, cuando la más mayor del barracón, una de las chicas polacas o checas que estaba a cargo del orden en el recinto, empezaba a rugir: «*Aufstehen!*», «¡hora de levantarse!», y encendía las luces. Con duras palabras, nos empujaba a las letrinas. Todo tenía que ser rápido, el *Zählappell* nos esperaba. Permanecíamos quietas y atentas mientras nos contaban, a veces durante una hora, a veces durante varias.

El recuento era continuo. Si estabas enferma, tenías que estar allí de todos modos, y si alguien había muerto durante la noche, sacaban el cuerpo para contarlo también. La más mayor del barracón tenía que asegurarse de que los números eran correctos y enviar un informe al oficial de las SS. Él, a su vez, comenzaba el recuento de control, y algunas veces se necesitaba otro recuento antes de que llegara el comandante del campo. Este recibía el informe y entonces nos permitían regresar a nuestros barracones. Llegado ese momento ya estábamos completamente agotadas, congeladas y hambrientas y anhelábamos el «café» caliente, que solo entonces nos entregaban.

«¿Siempre pasaban hambre?»

Llegamos a Auschwitz después de tres días sin comida ni agua. El miedo que me mantenía el corazón en un puño me impidió darme cuenta de lo hambrienta que estaba. Yo era una autómata controlada por otros e hice exactamente lo que me dijeron.

Los acontecimientos avanzaron en rápida sucesión. Todo ocurrió tan deprisa que apenas me di cuenta de que la noche había dado paso al amanecer. Nos metieron bajo una ducha. Lamí las gotas con avidez.

Luego, después de que nos llevaran a nuestros barracones, finalmente llegaron las provisiones, que consistieron en un pedazo de pan negro para cada una. Todavía estaba tan afectada por los acontecimientos de la noche y por la preocupación por mis padres que no pude tragar un solo bocado. Le di el pan a mi hermana y continué haciéndolo durante los días siguientes. Solo comencé a comer cuando me di cuenta de que si quería sobrevivir, no podía regalar lo poco que tenía.

Nunca nos sentimos saciadas. A veces, aquel pan tan desagradable ni siquiera estaba cocido, solo era una papilla negra. Las calorías eran suficientes para evitar que muriéramos, para que apenas sobreviviéramos.

Cuando comencé a comer, llegó el hambre. Sentí un agujero en mi estómago que no había manera de llenar. El pequeño trozo de pan no podía llenarlo, sino que despertaba la necesidad de más. Pasaron los días y el hambre desgarraba mis entrañas. Era un hambre colectiva: las chicas éramos un solo estómago. De lo único que hablábamos era de las diferentes maneras de engañar al hambre.

Más tarde, cuando terminamos en los campos de trabajo, el hambre ya se había vuelto algo muy familiar para nosotras. Estábamos acostumbradas a ello. La sensación de hambre constante se convirtió en algo que simplemente estaba allí. De vez en cuando, mi estómago se rebelaba y comenzaba a dolerme, pero, cuando eso ocurría, masticaba saliva para engañarlo y hacerle pensar que estaba comiendo. También puedes engañar a tu estómago hablando sobre cocina, recetas y platos hasta que comienza a fluir la saliva. A menudo, mi último pensamiento antes de apagarme como una luz por la noche era sobre el pequeño trozo de pan que me darían por la mañana. Aquello al menos me aliviaba el hambre por el momento.

Siempre estábamos en busca de algo comestible. Algunas chicas trabajaban en la cocina, y era importante ser sus amigas. A veces conseguían sacar a escondidas patatas o un pedazo de pan para animar a una amiga. También nos alegrábamos cuando nos mandaban a trabajar a los campos de hortalizas, donde te enfrentabas al riesgo de recibir una paliza por robar uno o dos tallos de brócoli.

El hambre era más fuerte que el miedo al castigo.

Solo una vez me permitieron comer hasta que estuve llena.

Nuestro grupo estaba limpiando un depósito de combustible después de un bombardeo. Cuando sonó la señal del almuerzo, esperábamos que nos trajeran nuestra sopa aguada de siempre; en lugar de eso, nos llevaron a una cantina. Las mesas estaban dispuestas, coronadas en el medio por una gran cesta de pan. No me atreví a pensar siquiera en tocar el pan hasta que el guardia insistió. Para mi gran sorpresa, nos permitieron comer tanto como quisiéramos. Cuando la cesta estuvo vacía, nos trajeron otra. Era difícil comprender lo que estaba pasando, sentía como terciopelo en mi dolorida barriga. Comí y comí y comí. Estaba feliz. Nunca me habría imaginado que el pan pudiera hacerte feliz. Desde entonces, siento una reverencia casi religiosa por el pan y las patatas. Sin pan, una comida no es una comida para mí.

La alegría pasó muy rápido. Probablemente alguien había cometido un error. Aquello ocurriría una sola vez y la retribución por la satisfacción de aquel día fue exigida mediante una sensación de hambre aún más intensa durante los siguientes días, a medida que nuestros estómagos se encogían de nuevo. Simplemente tuvimos que seguir tragando saliva y tratando de imaginar que no teníamos hambre.

Continuamos así hasta que fuimos liberadas. Cuando las tropas británicas nos encontraron con los ojos hundidos y descarnados quisieron ayudarnos y compartieron con nosotras algunas de sus ricas raciones de alimentos. La mayoría las devoró; nadie sabía que aquella comida nos resultaría letal porque no podíamos digerirla. Quizá gracias a esa suerte que me acompañaba, no fui tentada. Si alguien me hubiera ofrecido una lata, probablemente me la habría comido. Tuve la suerte de que, en cambio, conocí a alguien que me ofreció dos patatas crudas.

«¿Qué idiomas se hablaban en Auschwitz?»

Auschwitz era una torre de Babel donde se escuchaban todos los idiomas europeos. Pero el idioma dominante era, por supuesto, el alemán, y si no lo hablabas, tenías problemas.

Era peor para los italianos, porque muy pocos hablaban alemán. Las SS no aceptaban que algunos de nosotros no entendiéramos su idioma y lo tomaban por desobediencia cuando no se llevaba a cabo una orden. Recuerdo a una mujer griega, de Rodas, pequeña y delgada, que me habló de la paliza que recibió cuando no entendió lo que se le pedía. Los que no entendían las palabras de los mandos no vivían mucho tiempo, y muchos griegos e italianos pagaron con sus vidas.

Los judíos de Europa del Este tenían ventaja. Como hablaban en yidis, solían entender lo que se les pedía y, por lo tanto, no eran tan vulnerables como los italianos. Yo misma tenía un conocimiento superficial del yidis, ya que mis padres lo hablaban cuando no querían que las niñas los entendiéramos. Además, yo había estudiado algo de alemán en la escuela. Aquello me puso en una posición favorable.

En el extenso campo de Auschwitz-Birkenau, los prisioneros eran segregados por nacionalidad, por lo que no tuve muchas oportunidades de escuchar todos los idiomas hablados. El único lugar donde podías encontrar a gente de otras zonas de barracones era en las letrinas. Allí traté de intercambiar algunas palabras con otras chicas.

Además de a la mujer griega, también conocí a Rose, una pequeña niña holandesa. Hablaba alemán, pero me resultó difícil entenderla porque pronunciaba la erre gutural holandesa. Afortunadamente, eso no impidió que los soldados de las SS la comprendieran, y me habló de su nombramiento como *Blockova* (responsable del orden) de los barracones y de sus beneficios asociados, como una mejor comida, mejor ropa y más libertades.

«¿Qué la ayudó a sobrevivir?»

Muchas personas no creen en el azar, pero, si tengo que responder a la pregunta de qué me ayudó a sobrevivir, es todo lo que puedo señalar. Si no fue el azar, nada más pudo haberme ayudado. No había lógica en el campo; nunca sabías dónde estar o no estar para sobrevivir. Podías ser asesinada por un oficial de las SS haciendo prácticas de tiro solo por diversión. Un acto de bondad podría significar la muerte. El doctor Mengele, por ejemplo, era conocido por repartir dulces a los niños que luego torturaría con sus experimentos.

Muchos estudiantes me dicen: «¿Cómo se las arreglaba? Yo habría muerto».

Puedes pensar eso, pero morir no es fácil. Vivir puede ser muy difícil, pero es todo lo que conocemos, y nos aferramos a la vida hasta el final.

Muchas noches, después de un día duro de trabajo, pensaba que no podría continuar durante otro día más. Pero, cuando me despertaba, era de nuevo el cordero obediente que realizaba las mismas tareas que el día anterior, con la esperanza de que, mientras lo hiciera como decían, no me disparasen. Mientras haya vida en nosotros, queremos seguir viviendo, pase lo que pase. Muchas de nosotras fuimos torturadas y no nos rendimos. Creo que yo también me habría aferrado a la vida en esa situación, pero nunca sabes lo que habrías hecho.

En Auschwitz, a veces pensaba, desesperada: «Ni un día más, mañana me arrojaré contra el alambre de púas electrificado». Pero luego llegaba el siguiente pensamiento: «Eso sería hacerles el trabajo a los nazis. Después de todo, es lo que quieren: deshacerse de nosotros».

Lo que me ayudó a protegerme de esos pensamientos sombríos fue tener a mi hermana conmigo. Nos sentíamos responsables la una de la otra, había un significado para la falta de significado. Si ella estaba desanimada, yo trataba de animarla. Si yo estaba triste, ella bromeaba. Probablemente no habríamos sobrevivido la una sin la otra.

La solidaridad, el círculo de amigas de mi bloque de barracones, también significó mucho. Por las noches, nos sentábamos a tratar de disipar los malos pensamientos con historias, poemas y recetas antiguas y nuevas. Tratábamos de calmar el hambre «cocinando», es decir, explicando con todo lujo de detalles cómo se debían preparar ciertos platos, hasta que casi podíamos oler los rollos de col rellenos y saborear las albóndigas.

Hubo otras cosas que también fueron cruciales para la supervivencia de quienes vivíamos en Hungría. Sobre todo, el hecho de que no nos apresaron hasta la primavera de 1944.

Esto significó que pasamos apenas un año en el campo, a diferencia de quienes tuvieron que sufrir allí durante mucho más tiempo.

El pensamiento de que debíamos sobrevivir para contar después de la guerra todo lo que nos había sucedido estaba en nuestras mentes. Al mismo tiempo, dudábamos que alguien quisiera escucharnos.

«¿Había solidaridad en el campo?»

Podrías pensar que nuestro destino compartido nos habría unido. Pero la verdad es que la solidaridad no fue tanta como pudo haber sido.

Como suele suceder cuando un grupo llega unido, se formaron camarillas. Las chicas que venían del mismo país se mantuvieron juntas, prevalecieron los prejuicios del pasado, las muchachas polacas y judías se consideraban mejores que las húngaras, y las húngaras se consideraban superiores a las polacas. Dentro del grupo húngaro también se formaron grupitos, y las que venían de las mismas ciudades se mantenían unidas.

Las que venían de la misma zona, tal vez también llegadas en el mismo tren, se ayudaban mutuamente lo mejor que podían. Si a alguien del grupo se le asignaba una labor, como trabajar en la cocina, eso podría dar a las demás la oportunidad de obtener raciones más grandes, por ejemplo. Las chicas compartían sus ventajas con su grupo y se aseguraban de que «sus» chicas tuvieran prioridad. Cuando se repartía la comida, era muy importante conseguir la sopa del fondo de la olla. Ahí era donde estaban las verduras, a veces incluso un trozo de carne. Hacíamos cola para la sopa y mirábamos celosamente el balanceo del cucharón. ¿Se ha hundido lo suficiente u hoy será solo agua? La más vieja del barracón quería parecer justa, por lo que no miraba quién estaba en la fila: se suponía que para todas hundiría el cucharón profundamente. Pero ella sabía dónde estaba su grupito, si estaban delante, en el medio o al final. Y entonces hundía el cucharón adecuadamente.

El deseo de mantenerse con vida era tan fuerte que las personas les robaban el pan a sus parientes: la hija a la madre, la hermana a la hermana. También sucedía lo contrario, pero más raramente. En mi grupo, había una mujer que anteriormente había sido conocida como malvada y egoísta. En ese momento se mostraba abnegada y generosa, ayudaba cuanto podía y renunciaba a sus propios beneficios cuando alguien más los necesitaba.

La denuncia no era rara. Para disfrutar de alguna ventaja, había quienes informaban de sus compañeras. A mí me pasó. Yo era una de las pocas que sabía alemán y era más alta que las demás, así que, cuando nos enviaron a trabajar a Eidelstedt, me nombraron *kapo*. Ser *kapo* significaba ser el brazo extendido de las SS y asegurarse de que el grupo trabajara duro. Por eso eras recompensada con un tazón extra de sopa. No podía rechazar el nombramiento, pero podía sabotear el trabajo.

Después de una breve marcha hacia el trabajo, llegamos a una fábrica en ruinas, donde teníamos que limpiar los escombros. Se suponía que debíamos formar una cadena y pasar ladrillos al otro lado para colocarlos en pilas ordenadas. Mi tarea era asegurarme de que las chicas fueran eficientes, pero comencé por poner un puesto de vigilancia cuyo cometido era alertarnos cuando se acercara un guardia de las SS. Las chicas podían tomárselo con calma hasta que la que vigilaba nos advertía, y entonces se ponían en su sitio a trabajar.

No pasaron más de dos días antes de que una de las chicas polacas me denunciara. Un tazón de sopa significaba mucho para ella.

«¿Cómo era ser una mujer en los campos?»

En lo que se refiere al tratamiento de los prisioneros, había poca diferencia entre mujeres y hombres. Las mujeres no se salvaban del trabajo pesado y nos castigaban con la misma severidad. Para los hombres de las SS no éramos mujeres: éramos objetos que cumpliríamos sus órdenes.

Las mujeres, especialmente las jóvenes, trataban de mantener su feminidad, incluso en condiciones insoportables. Cuando llegamos al campo de trabajo y nos encontramos con prisioneros de guerra franceses en el mismo lugar, buscamos lápices de labios o cremas entre las ruinas. Nuestra vanidad se despertó y queríamos mostrarnos atractivas ante aquellos jóvenes guapos. Florecieron pequeños romances inocentes y pronto todas las chicas tuvieron «su propio» francés.

Teníamos estrictamente prohibido comunicarnos, pero en momentos no supervisados, algún francés «dejaba caer» un pequeño regalo ante «su» chica cuando ella pasaba, quien, a su vez, «dejaba caer» un papel con unas pocas palabras de agradecimiento. Debíamos tener mucho cuidado de que ningún soldado de las SS estuviera cerca cuando sucedía, pues tales actos llevaban a duros castigos. También infligían duros escarmientos si mujeres y hombres eran atrapados juntos, pero, por lo que recuerdo, nunca sucedió en ninguno de los campos de trabajo en los que estuve. Sin embargo, sí que sucedió en Auschwitz.

En Auschwitz vivíamos en grandes barracones, alrededor de quinientas mujeres en cada uno. A nosotras nos supervisaba una chica polaca, Itka, que era la mayor del barracón. Su hermana, Elsa, la ayudaba. Estas chicas habían llegado de Polonia y ya llevaban en Auschwitz un par de años, y estaban hermosas y bien alimentadas. Como beneficios adicionales, se les permitía conservar su hermoso cabello, vestían ropas civiles y recibían más comida.

Un día, no encontrábamos a Elsa y, cuando apareció, le habían afeitado la cabeza y tenía los ojos hinchados y amoratados. Nos preguntamos qué había pasado y al final ella misma nos lo contó. Un hombre que trabajaba en el grupo de trabajo de los crematorios visitaba a las chicas en secreto y les proporcionaba algunas necesidades adicionales. Naturalmente, también surgieron deseos sexuales. Elsa se enamoró. No sé cuánto tiempo duró aquello, pero un día fueron capturados por un soldado de las SS.

La golpearon, le cortaron el pelo y le quitaron todos sus privilegios. El hombre también fue golpeado, y muy probablemente no sobrevivió.

«¿Cómo era tener el periodo?»

Las mujeres empaquetaron sus compresas menstruales antes de partir, sin sospechar que no se les permitiría quedarse con ellas ni con ninguna otra posesión. Al final resultó que, sin embargo, no les habríamos dado ningún uso de todos modos. La menstruación nos vino tal vez una o dos veces, y en esas ocasiones fue muy desagradable, por supuesto. No había nada para recoger la sangre. Si teníamos suerte, la más mayor del barracón, la chica que nos supervisaba, nos daba un trapo. Aunque nos arriesgábamos al castigo, a veces nos atrevíamos a arrancar un pedazo de nuestro vestido, pero generalmente teníamos que caminar con la ropa ensangrentada, porque la sangre nos corría por las piernas. Era importante no encontrarte con un hombre de las SS, porque entonces se ponía a insultarnos —¡*Dreckige Judesau*, sucia cerda judía que ni siquiera puedes mantenerte limpia!— y a golpearnos con saña hasta dejarnos magulladas.

Un día, mi amiga Dora se dio cuenta de que debería haberle llegado el periodo tres días antes. Pensó que era extraño: después de todo, no había estado con nadie. Cada vez más chicas hacíamos el mismo descubrimiento: solo unas pocas sangraron durante las semanas posteriores a nuestra llegada. Algunas pensaron que estaban embarazadas, pero pronto comprendimos que no era una señal de embarazo. La menstruación simplemente se nos retiró. Corrió el rumor de que la causa era un aditivo de bromo en el pan, pero aquello nunca se confirmó. Es cierto que la menstruación puede cesar debido a una mala alimentación, como es el caso de las personas con anorexia, pero esa no pudo ser la explicación en nuestro caso: dejamos de tener el periodo demasiado pronto después de nuestra llegada a Auschwitz. Seguramente nos dieron algo que afectó a nuestras hormonas.

Teníamos miedo de no volver a tener la menstruación, de que ya no pudiéramos tener hijos. Por suerte, eso no es lo que pasó. Recuperamos nuestros ciclos regulares cuando nuestras dietas volvieron a la normalidad. Después de la guerra, sin embargo, algunas mujeres decidieron no tener hijos por temor a que todo lo que habían pasado pudiera volver a ocurrir. Más tarde, cuando envejecieron, algunas lamentaron no tener familia. Se sentían muy solas.

«¿Fue violada?»

La violación en tiempos de guerra siempre se ha utilizado como un modo de que un bando viole lo que percibe como propiedad del otro: sus mujeres. No fue así en Alemania. En la Alemania nazi, la violación estaba, en principio, prohibida, ya que las relaciones interraciales estaban prohibidas por ley. En la práctica, sin embargo, las cosas eran diferentes.

Por suerte, ninguna chica de nuestro grupo fue violada y durante mucho tiempo no supe que había ocurrido en otros campos. No me enteré hasta después de la guerra. Conocí a chicas que tenían historias terribles que contar.

Con el fin de mantener la moral entre los soldados de las SS, se establecieron burdeles, mejores para los oficiales y más básicos para los soldados. Las chicas judías eran enviadas allí y, si querían seguir con vida, tenían que obedecer. Después de un duro día de trabajo en el campo, una chica hermosa podía ser recogida por la noche y llevada al burdel, solo para ser devuelta al trabajo a la mañana siguiente.

Otras tenían que servir en el burdel todo el día. Esas chicas no duraban mucho. Sin embargo, había chicas afortunadas que podían usar su feminidad para hacer que un solda-do se enamorara de ellas. Una chica en esa posición podría tener una vida bastante decente junto a su soldado protec-tor, especialmente si él ocupaba un puesto alto en el escala-fón de la jerarquía militar.

Un oficial de alto rango de las SS podía elegir a una chica para que administrase su hogar, y ella era excusada del duro trabajo que se realizaba afuera. Pero incluso en esos casos no había garantías de que la chica sobreviviera en el incierto e irracional mundo del nazismo.

«¿Tenía miedo de la muerte?»

La muerte no era algo que me atemorizara. Lo peor era la incertidumbre, la espera interminable, la ansiedad. La ansiedad nunca cede. Era como un zumbido en el fondo, y solo cedía cuando se presentaba un miedo más inmediato y agudo.

Lo que temía era cómo llegaría la muerte. Dejar de existir era nuestro mayor deseo, pero la manera de morir era lo que nos asustaba. La estudiada crueldad de los nazis podría causar mucho dolor antes de que te llegara la muerte. Eso era lo que temía.

Recuerdo que cuando me despertaba por las mañanas me preguntaba: «¿Acabaré el día?». Pero no había tiempo para pensar en ello. Los gritos y los golpes de los oficiales de las SS me hacían saltar de la cama y dedicarme a tratar de seguir la agenda prescrita: «hacer» la cama de paja, visitar la letrina y luego ponerme a la cola para que nos contaran. A eso lo seguía la marcha hacia el trabajo, y hasta que volvía a la cama por la noche no tenía fuerzas para pensar.

Por lo general, terminaba el día recordando un poema

del poeta húngaro János Arany que, en una traducción *amateur*, es más o menos así:

> Gracias Dios
> por el regreso de la noche.
> La tierra doliente
> ahora descansa en paz.

«¿Cómo se vestía?»

Cuando llegamos a Auschwitz tuvimos que desnudarnos. Pusimos toda nuestra ropa en un montón y nuestros pares de zapatos atados en otro. Me pregunté en silencio cómo encontraríamos nuestra ropa otra vez.

Solo más tarde supe que la ropa iba a ser enviada a Alemania una vez que un grupo de trabajo hubiera separado los peores artículos. La que no se enviaba sería lavada y esterilizada, pintada con una cruz amarilla y usada como ropa de prisión. A cambio, nos dieron túnicas grises de longitud variable y ropa interior mal cortada y mal cosida en una tela basta.

No recuerdo si nos dieron calcetines, pero sí un pañuelo, que usamos para cubrir nuestras cabezas rapadas.

Cuando nos seleccionaban para trabajar nos poníamos ropa «civil» con una cruz amarilla pintada en nuestros vestidos para no ser confundidas con aquellas que debían quedarse atrás. Estas ropas también se intercambiaban a veces. Cuando empezaba el frío, nos daban otra prenda, que llamaban «más caliente».

A mí me dieron un abrigo, aunque muy ligero, mientras que mi hermana Livi consiguió una chaqueta de punto. Originalmente había pertenecido a nuestra prima Ditsi. Así es como nos dimos cuenta de que ella también había pasado bajo el «*Arbeit macht frei*»,[1] aquel cartel cínico que colgaba sobre la entrada de Auschwitz. La ropa «más caliente» debía ser devuelta en primavera, la demás la guardamos hasta la liberación.

Después de la liberación, queríamos deshacernos de aquellas ropas lo más rápido posible y conseguir otras nuevas, y lo logramos de muchas maneras diferentes. A veces, recibíamos regalos de los soldados británicos o salíamos al vecindario y buscábamos. «Encontrábamos» ropa secándose en un tendedero y nos la llevábamos sin escrúpulos; después de todo, los alemanes nos habían quitado mucho más. No lo llamábamos «robo», lo llamábamos «arreglo». Las chicas que eran buenas cosiendo escaseaban. Transformadas bajo sus ágiles dedos, las mantas y las sábanas se convirtieron en faldas, chaquetas y vestidos.

Yo misma tenía un vestido hecho con una cortina verde y «encontré» unos pantalones marineros azules hechos de lana. Me puse los pantalones cuando viajamos a Suecia. En Lübeck, nuestras ropas y nosotras mismas fuimos esterilizadas, y las chicas que tenían ropa aprovechable pudieron quedarse con ella. Llevé esos mismos pantalones a mi primer trabajo en Estocolmo.

1. «El trabajo libera» *(N. del t.)*.

Me gasté mi primer sueldo entero, cien coronas, en comprarme un vestido de lana negro. Valía el precio. Finalmente, pude ponerme algo «elegante», que me dio confianza cuando me encontré con amigos en una cafetería un domingo por la tarde.

«¿Enfermó?»

Era importante no enfermar. Solo sobreviviríamos mientras pudiéramos trabajar y, si enfermábamos, no éramos de ninguna utilidad para ellos. Sabíamos que, si nos consideraban inútiles, nos esperaba la cámara de gas. Como resultado, rara vez nos poníamos gravemente enfermas. Aquellas de nosotras que previamente habíamos sufrido de dolor crónico de repente nos habíamos librado de toda molestia. Ni una sola jaqueca, ni una sola úlcera estomacal. A veces teníamos dolencias menores y, cuando eso sucedía, teníamos que visitar la *Revier*, como se llamaba a la enfermería. La enfermera era una de las prisioneras y no tenía mucho para aliviar nuestro sufrimiento. El mismo ungüento, Ichthyol, se usaba tanto para dolores de garganta como para forúnculos. El único alivio que podía proporcionarnos aquella visita era un momento de descanso y unas palabras tranquilizadoras.

Si alguna tenía fiebre o estaba tan enferma que no podía trabajar, las chicas tratábamos de protegerla. Hacíamos su trabajo y la dejábamos descansar en un rincón mientras alguien se aseguraba de que ningún guardia de las SS la descubriera. A veces, un capataz amable la dejaba sentarse en su cobertizo de trabajo y la defendía ante cualquier posible visitante de las SS diciendo que la niña lo estaba ayudando con su trabajo en el interior. Si el guardia estaba de buen humor, dejaba que se quedase; de lo contrario, la echaba.

La *Revier* tenía varias camas, por lo que las enfermas podían quedarse allí en lugar de salir al exterior helado. La razón por la que daba mucho miedo quedarse era que nunca se sabía cuándo el médico de las SS podría aparecer por allí. Cuando llegaba, las enfermas tenían que ponerse en una fila desnudas para el examen, y estar demasiado delgada era una razón suficiente para ser condenada a muerte.

La enfermera, que quería salvar a las chicas, no podía hacer mucho. Sin embargo, sí que conozco un caso en el que ocultó a una niña gravemente enferma e inconsciente de un modo tan hábil que no fue descubierta. La niña al final se recuperó y dejó la *Revier*.

Otro caso interesante fue cuando un médico de las SS se enamoró de una chica hermosa y, en lugar de sentenciarla a muerte, la transfirió a la *Revier* de los soldados. Lo que pasó después no lo sé. Nunca volví a verla.

Yo misma visité la *Revier* unas cuantas veces, cuando los zuecos y el frío hicieron que me salieran grandes forúnculos en los pies. No sé si fue la célebre pomada maravillosa o el hecho de que la primavera estaba en el aire, pero los forúnculos se fueron con el tiempo.

«¿Hubo soldados de las SS amables?»

Nunca conocí a un soldado de las SS que fuera amable. En el mejor de los casos, nuestros guardias mostraban un completo desinterés. Simplemente hacían su trabajo y, si el trabajo requería que dieran palizas, usaban sus porras. Algunos eran conocidos por ser particularmente mezquinos, otros eran «justos» y cualquiera de ellos podía golpearte sin ninguna razón. No se puede decir que experimentase ninguna amabilidad real. Los soldados de las SS eran entrenados para ser brutales y fríos.

En un célebre e infame discurso citado con frecuencia, Himmler elogia la brutalidad de los que disparaban a los judíos: «Haber aguantado esto y permanecer decentes ha sido difícil. Esta es una página gloriosa de nuestra historia...».

Los que trabajaban en las SS, como todos nosotros, tenían el bien y el mal dentro de ellos, pero eligieron el mal. Después, muchos argumentaron que solo disparaban porque tenían que hacerlo. Sin embargo, la investigación ha demostrado que esto no siempre fue así. En su libro *Aquellos hombres grises*, el historiador Christopher Browning señaló que solo unos pocos rechazaron disparar a pesar de que se les dijo que serían excusados si su conciencia no les permitía matar. En lugar de elegir por sí mismos, los hombres cedieron a la presión del grupo. Del mismo modo, los alemanes decentes también eligieron el mal en ciertas circunstancias. Todos tenemos una opción.

Nuestros guardias eran jóvenes soldados de las SS, hombres y mujeres que habían jurado solemnemente obedecer y proteger al Führer, vivir y morir por él. Su educación nazi había comenzado a una edad temprana, cuando estaban en su estado más maleable. En algunas ocasiones, los guardias eran de la Wehrmacht. Estos eran soldados del ejército regular, hombres mayores que habían sido reclutados. Había una gran diferencia entre los dos grupos: los últimos eran más amables, sus cerebros aún no habían sido lavados.

Un día, mientras caminábamos hacia nuestro lugar de trabajo, no fuimos acompañadas por jóvenes soldados de las SS con porras, sino por soldados de la Wehrmacht que llevaban rifles al hombro. Fue la primera y única vez que los guardias hablaron con nosotras, no simplemente ladrándonos sus órdenes. Uno de aquellos soldados, Herman, parecía curioso, y, como yo era una de las pocas que hablaba alemán, caminó a mi lado mientras avanzábamos en filas de a cinco. Comenzó a hablarme, me preguntó quién era y de dónde venía. Me contó un poco sobre algunas de sus propias dificultades en casa. Resultó que tenía una hija de mi edad, y tal vez por eso me buscó en las pocas ocasiones en las que la Wehrmacht se quedó en el campamento. A veces me traía una manzana o una patata. Pero ellos también tenían poca comida. Su espíritu amistoso era un rayo de sol en la oscuridad que me envolvía. Sin embargo, solo duró un tiempo muy breve. Pronto, los muchachos de las SS regresaron, aquellos que nos golpeaban sin piedad si alguien se quedaba atrás o se salía de la fila.

A veces, pasábamos por campos donde recientemente se habían cosechado vegetales: coles de Bruselas, brócoli, etcétera. Cada vez que veíamos algunos tallos que aún asomaban a través del lodo, nos apresurábamos a tirar de ellos, a pesar del riesgo de ser golpeadas. Esto significaba un valioso añadido a la pobre ración de ese día. Especialmente para las niñas enfermas que se arrastraban hacia el trabajo.

Elisabet, una hermosa niña húngara, también judía, enfermó mucho, perdió el conocimiento y fue llevada a la enfermería. Al día siguiente, vino el médico de las SS, se detuvo unos instantes delante de cada una de las camas de las enfermas y le hizo saber a la enfermera su veredicto con un movimiento de cabeza. Al llegar a la cama de Elisabet, le preguntó a esta acerca de su enfermedad. Se dirigió a ella amablemente con las palabras: «Y a ti, jovencita, ¿qué te pasa?».

Ella respondió: «Me duele todo el cuerpo, pero no soy tan jovencita, ya he estudiado medicina».

El médico de las SS dio la orden de que la llevaran a otro barracón y allí recuperó la salud.

La misma persona que no sentía remordimientos de conciencia al enviar a alguien a su muerte le salvaba la vida a otro. A veces nos encontramos con esta misma duplicidad en el resto de la sociedad.

Otro día, mi amiga Lilly cayó inconsciente, y para nuestra gran tristeza fue llevada a la *Revier*. Cuando pasaron los días y no regresó, pensamos que nunca volveríamos a verla. Pero, de repente, allí estaba, de pie durante el *Zählappell*, el recuento de prisioneras.

Cuando le preguntamos qué había pasado, nos dijo que tenía vagos recuerdos de haber estado escondida en algún cubículo cada vez que un médico de las SS acudía para un chequeo. El personal de la *Revier* eran nuestras compañeras de prisión y las crueldades de las SS a veces se podían compensar con la solidaridad.

Sara, una de mis compañeras de prisión de Polonia, me dijo que antes de su internamiento se había escondido en un lugar que creía seguro. Sin embargo, tenía que compartir sus planes con alguien para que su marido pudiera encontrarla. Eligió a su vecina N, que siempre había sido amable con ellos. Al día siguiente, la policía fue a por ella y en ese momento comprendió que la bondad de su vecina tenía un límite.

Hoy, a menudo pienso en cómo habría actuado si yo, nacida en 1924 en Sighet, hubiera visto la luz del día como una mujer alemana en Berlín. Yo también, seguramente, habría recibido mi parte de lavado de cerebro en la Bund Deutscher Mädel, la asociación para niñas que correspondía a la Hitlerjugend de los niños.

Tal vez me habría convertido en una guardia de las SS. No eran mejores que los hombres. ¿Cómo habría actuado? ¿Habría golpeado a los prisioneros? ¿Los habría salvado? Si hubiera tenido padres con una fuerza moral cuya educación pudiera haber contrarrestado a la BDM, tal vez habría mostrado misericordia. Solo puedo esperar eso. Si una persona sabe que tiene una opción, existe la oportunidad de elegir el bien sobre el mal.

Sin embargo, puedo decir cómo reaccionó Noa, de doce años. Vivía en un gueto en Polonia, donde ya se estaba extendiendo el hambre. Todos intentaban encontrar algo para comer, ya fuera mediante el trueque o el robo. Los niños eran los más hábiles. Se escabullían del gueto con algo que podían cambiar por comida. A menudo lograban volver con unas patatas o unos nabos.

Un día, Noa fue atrapada por un hombre de las SS que quería saber quiénes eran los cerebros que había detrás de estas «salidas». Noa se negó a responder a la pregunta. El hombre de las SS la tentó diciendo que podría quedarse con la patata y conseguir otra más y que sería designada para la policía del gueto. La policía del gueto recibía beneficios adicionales y, relativamente, mucha comida, mientras que los habitantes del gueto morían de hambre. Noa se negó firmemente a convertirse en la informante del hombre de las SS, aunque sabía que iba a ser golpeada por su insubordinación.

«Por la noche, ¿soñaba?»

Espontáneamente, diría que no. Pero las cosas no siempre fueron iguales, todo cambiaba según el lugar donde estuviéramos.

En Auschwitz, dormíamos las pocas horas que nos dejaban como si hubiéramos sido derribadas por un ladrillo. Pesado y sin sueños, era un sueño que no ofrecía descanso.

En los campos de trabajo, las cosas eran diferentes. Aunque nuestras horas de sueño eran las mismas, empezamos a soñar. Por lo general, soñábamos que estábamos en casa, en el círculo familiar, y despertar era muy doloroso. Una vez soñé que estaba dando un paseo por un prado soleado de la mano de mi padre, y él me estaba contando una historia cuando una luz intensa se encendió y la voz de papá cambió por una voz dura en alemán que gritaba: ¡*Aufwachen*, levantaos, *schnell*, rápido, *raus, raus*, fuera, fuera!».

Traté de imaginar que el sueño era la realidad y que el trabajo diario era solo una pesadilla. Traté de mantener mi equilibrio en la dura realidad con la ayuda de mi imaginación.

«¿Qué fue lo mejor?»

¿Lo mejor? ¿Podría algo haber sido bueno? Cuando me hacen esta pregunta, me siento confusa. Nada era bueno, aunque había momentos en los que podíamos olvidarnos de dónde estábamos e incluso reírnos.

A veces, por la noche estábamos bien, cuando el trabajo del día había terminado, cuando podíamos estirar las piernas cansadas tumbadas en la dura litera. Habíamos sobrevivido. Sabía que la noche sería muy corta y que no ofrecería mucho descanso, pero en ese momento me sentía bien.

Antes de acostarnos, el grupo de amigas nos sentábamos acurrucadas en una de las camas y manteníamos una «charla literaria». Recitábamos poemas, leíamos cuentos y compartíamos recuerdos o «cocinábamos», intercambiábamos recetas, hablábamos sobre los deliciosos platos que anhelábamos.

Tuve una experiencia especial en Auschwitz que ofreció algo de luz a la oscuridad de nuestra existencia. Una mañana, un hombre de las SS entró en el barracón y pidió dos voluntarias para trabajar. Mi amiga Olga y yo nos adelantamos. El soldado, que llevaba un rifle al hombro, nos llevó. Pasamos por un área tras otra rodeadas por cercas de alambre de púas, hasta que llegamos a una con barracones más pequeños. Eran los barracones de los soldados, y nos encargaron que los limpiáramos y fregáramos los suelos.

Cuando nos acercamos a los barracones, un exuberante abedul verde llamó mi atención. Ver tal vegetación después del gris de Auschwitz fue como un espejismo. Había vida afuera, no todo estaba perdido.

Olga y yo miramos primero al árbol y luego la una a la otra, y sin hablar supimos lo que estábamos pensando las dos. Meteríamos en el campamento algunas hojas a escondidas para que las demás también pudieran verlas. El soldado nos metió prisa: debíamos entrar en el barracón y ponernos a trabajar. Nos dio instrucciones, un cubo de agua fría y un trapo.

Acabó siendo un día de trabajo muy duro. Para dejar limpios aquellos suelos que estaban tan sucios tuvimos que reunir algunas ramas. Bajo los gritos e insultos del soldado, usamos las ramas, nuestros nudillos y uñas para dejar el suelo un poco menos sucio. Cuando llegó la señal del final de la jornada laboral, pudimos respirar de nuevo. «*Feierabend*», dijo el soldado cuando llegó la noche: «Hora de acabar». Teníamos que regresar al campamento, donde nos aguardaba el recuento de prisioneras. Me las arreglé para arrancar unas cuantas hojas, pero durante el camino de vuelta estaba muy tensa: ¿sería capaz de pasarlas o nos registrarían? Llevar algo como una brizna de hierba estaba estrictamente prohibido. Me escondí una rama en el dobladillo del vestido y me metí una hoja en la boca. Olga hizo lo mismo. Temblando, pasamos junto al guardián y... lo logramos.

Nos temblaban las piernas mientras esperábamos a que terminara el recuento. Más tarde, cuando entramos en el barracón y enseñamos las hojas, hubo mucha alegría. En todas nuestras amigas surgió la esperanza de que un futuro más brillante esperaba afuera, incluso para nosotras.

«¿Cuándo se dio cuenta de que estaba ocurriendo un genocidio?»

Durante la Segunda Guerra Mundial, la palabra «genocidio» no existía, ni en mi propio vocabulario ni en el de nadie. Solo me quedó claro que se estaban cometiendo asesinatos generalizados cuando llegué a Auschwitz. Antes de eso, muchos no entendían que aquello no era solo el asesinato de ciertos individuos, sino que abarcaba a un pueblo entero que debía ser borrado de la faz de la Tierra.

«¿Cómo se imaginó su vida después de la guerra?»

Yo era muy ingenua. Estaba segura de que los alemanes perderían la guerra, pero no entendía que todo no podía volver a ser como antes. Estaba completamente convencida de que, después de la guerra, Transilvania volvería a formar parte de Rumanía. Esos sueños tempranos de la adolescencia aún permanecían en mi mente. Volvería, estudiaría medicina y me formaría como pediatra. Iría a África y curaría a los enfermos.

No podía imaginar que, aunque los Aliados ganaran, nada sería como antes.

¿No habíamos estudiado historia en la escuela? Sí, lo habíamos hecho, pero eran sobre todo fechas y años, nombres de gobernantes y campos de batalla, una especie de aprendizaje que no nos conmovió y que pronto fue olvidado. No estaba preparada. No entendía que la vida no podía seguir como antes. Ni con todo el esfuerzo del mundo habría podido prever lo que nos esperaba después de la guerra.

«¿Qué le pasó a su hermana?»

Livi me salvó la vida en Bergen-Belsen. Durante la conmoción después de la liberación, tuve mucha fiebre y caí inconsciente. Encontró a un médico entre los prisioneros liberados que parecía necesitar él mismo un médico. Recuerdo su rostro cuando dijo: «Sí, estás enferma, y muchos de los enfermos mueren aquí». Entonces entendí que yo también moriría. Me sometí a mi destino, cerré los ojos y, después de eso, no recuerdo nada más, hasta que vi a mi hermana de pie junto a mi cama y comprendí que tenía que aprender a caminar de nuevo. Había estado inconsciente durante varias semanas y Livi me había cuidado hasta devolverme a la vida.

En el verano de 1945 nos fuimos a Suecia, y ahí nos quedamos las dos. Livi se casó joven, tenía diecisiete años cuando conoció a Hans, de veintisiete. También él era solo un niño cuando tuvo que dejar a sus padres en Alemania para salvarse. Llegó a Dinamarca, y de allí fue a Suecia, con la acción de rescate danesa. Tuvieron su primer hijo cuando Livi tenía diecinueve años, y luego otros dos. Él sufrió la enfermedad de Alzheimer y murió en el año 2000.

Hoy en día, Livi y yo vivimos muy cerca la una de la otra. Cuando éramos más jóvenes, nos veíamos todos los días. Ahora ambas tenemos dificultades para caminar, así que hablamos por teléfono. Cada mañana, alrededor de las nueve, una llama a la otra, y nos vemos tan a menudo como nos es posible. Livi se está acercando a los noventa, aunque todavía visita escuelas para hablar sobre nuestras historias de vida.

«¿Cuántas personas de su ciudad natal sobrevivieron a la guerra?»

Esta es una pregunta que no puede ser contestada. Los que sobrevivieron se marcharon hasta los confines del mundo. No fueron muchos los que regresaron.

Éramos 3.007 hombres, mujeres y niños los que fuimos cargados en el tren en la mañana del 15 de mayo de 1944. Cuando se contó a nuestro grupo de mujeres después de la selección, la noche en que llegamos a Auschwitz, el 17 de mayo, éramos 486. El número de hombres pudo haber sido similar. Si suponemos que lo mismo sucedió con los siguientes cinco trenes, significa que un tercio sobrevivió a la selección inicial. Cuántos de ellos murieron después, nadie lo sabe.

En mi propia familia, diez de los treinta y uno que vivían en Sighet sobrevivieron. Los que querían volver se enfrentaban a grandes dificultades. Después de la guerra no había una red de transportes que funcionara, por lo que la mayoría de las personas iba a pie, viajaba en coche o se subía a un tren cuando se topaba con uno.

Sanyi, el hermano pequeño de mi padre, lo logró. Había trabajado en una panadería en Auschwitz y así había tenido acceso al pan. Esperaba encontrar a su esposa Helen y, cuando terminó la guerra, partió para Sighet a pie. Entonces sucedió algo increíble. Cuando llegó a Praga, y mientras caminaba solo por las calles, de repente se encontró con Helen. Ella también había sido liberada de un campo de trabajo y se dirigía a Sighet con la esperanza de encontrar a su esposo.

Fue una de las pocas reuniones felices: la mayoría de la gente no encontró a nadie cuando finalmente llegó a Sighet. En muchos casos, ni siquiera sus casas quedaban en pie. Sanyi y Helen tuvieron suerte una vez más: su casa estaba intacta, podían habitarla y comenzar una nueva vida. Sin embargo, no se quedaron mucho tiempo. Sighet había sido liberada por los rusos en el otoño de 1944 y en ese momento la población vivía bajo un estricto régimen comunista. Sanyi y Helen abandonaron Rumanía lo antes posible y finalmente se establecieron en Los Ángeles.

«¿Se sintió exultante cuando fue liberada?»

Fuimos liberadas mientras la guerra seguía en su apogeo. Las tropas británicas que se dirigían a Berlín nos liberaron de Bergen-Belsen el 15 de abril de 1945. Puedes pensar que debería haberme sentido exultante, pero estaba tan debilitada y tan apática que apenas podía sentir alegría. Mi único pensamiento era que al día siguiente iría a los barracones de los hombres para tratar de encontrar a mi padre. Pasó mucho tiempo antes de que pudiera celebrar la libertad.

Me alegré, por supuesto, pero el entusiasmo requiere fuerza, y eso llevó tiempo.

La primera vez que me sentí animada fue después de haber llegado a Suecia, cuando mi hermana y yo cruzábamos Västerbron, un puente en Estocolmo construido sobre dos grandes arcos con una vista panorámica de la ciudad. Cuando miré detrás de mí, no había soldados de las SS. No escuché ladridos de perros y todo lo que vi fueron pacíficas familias suecas en bicicletas tándem que disfrutaban de su domingo bajo el sol. Livi y yo pensamos lo mismo. Nos miramos y comenzamos a bailar en medio del puente.

«¿Por qué eligió Suecia?»

Habitualmente digo que Suecia me eligió a mí. Justo antes del final de la guerra, cuando los alemanes entendieron que la derrota estaba cerca, todo y todos los que podían dar testimonio de sus crímenes tenían que ser destruidos. Necesitaban vaciar los campos y deshacerse de sus habitantes de alguna manera. En ese momento, nosotras, mi hermana Livi y yo, estábamos en Eidelstedt, un campo de trabajo cerca de Hamburgo.

Un día, a principios de abril, recibimos órdenes de reunirnos en una de las habitaciones del barracón las doscientas juntas. La orden fue suficiente para asustarnos: los cambios nunca eran buenos. Pero no fue nada comparado con lo que siguió. La mujer de las SS, la «gorda Anna», como llamábamos a la *Aufseherin*, nos ordenó desnudarnos. «Adonde vais no necesitáis ninguna ropa», agregó. Nos quitamos la ropa y nos sentamos allí durante un buen rato, temblando de frío y de miedo. Al cabo de un rato, Schara, el comandante del campamento, se acercó, nos miró desconcertado y preguntó por qué estábamos sentadas allí desnudas. Cuando se enteró de que estábamos siguiendo las órdenes de Anna, le dirigió una mirada de disgusto y nos hizo volver a ponernos la ropa rápidamente. Pudimos respirar un poco más, pero aún no sabíamos de qué se trataba; todavía estábamos asustadas. Vestidas, nos llevaron a la estación de tren y, con una sensación de *déjà vu*, una vez más nos metieron en un vagón de ganado con dos cubos de agua y dos cubos para hacer nuestras necesidades. No había comida. ¿Adónde íbamos? ¿De vuelta a Auschwitz? Para entonces, Auschwitz ya había sido liberado, pero eso no lo sabíamos.

El tren se arrastró a paso de caracol durante tres días y tres noches. Avanzaba, se detenía, esperaba en una vía lateral mientras pasaban los transportes militares y arrancaba de nuevo. Una noche, mientras estábamos parados, pudimos escuchar el ruido de una puerta que se abría y el sonido de un disparo. En ese instante nos convencimos completamente de que nuestro momento final había llegado, todas seríamos ejecutadas. Esperé tensamente el siguiente disparo. Pronto, la puerta de nuestro vagón de tren se abriría, sería nuestro turno. Transformada en una estatua, apreté la mano de mi hermana y contuve la respiración. Pero no sucedió nada, pasó un minuto, dos, tres, cinco y comencé a respirar de nuevo. Nunca supe a quién dispararon ni por qué, pero, después de unas horas, el tren comenzó a moverse de nuevo y al cabo de un tiempo fuimos abandonadas en un campo con un área rodeada por una cerca de alambre de púas. Una mujer estaba de pie junto a la puerta y le pregunté adónde habíamos llegado. «Bergen-Belsen —dijo, y agregó lacónicamente—: Hay trabajo, no hay pan, no hay gas.» Me sentí un poco más aliviada, y pensé: «Todavía tengo fuerzas para trabajar, quizá dure un tiempo sin pan. Lo más importante es que no hay gas». Después, pensé que debía ser el 7 de abril de 1945.

Nos alojaron en barracones limpios. Solo después de la liberación, cuando vi el interior de los otros barracones, plagados de piojos, me di cuenta de lo afortunadas que habíamos sido. Un grupo de judíos prominentes estaba plantado allí ante nosotras, esperando ser intercambiados por varios prisioneros de guerra alemanes. Nos encontramos con ellos cuando llegamos; se dirigían al tren.

No solo faltaba el pan, tampoco había agua. Teníamos aquello que llamaban «café» para agradecer nuestra supervivencia, ese líquido negro que nos servían dos veces al día. Nos acostábamos en nuestras literas, cada vez más débiles, completamente apáticas, y simplemente esperábamos la muerte, pero unos pocos días después hubo un repentino ajetreo en el exterior. Resultó que los soldados británicos, en su camino hacia Berlín, se habían tropezado con nuestro campo y decidieron entrar y liberarnos. Fue el 15 de abril de 1945.

Solo tengo recuerdos nebulosos de lo que sucedió después. Lo que recuerdo es que enfermé gravemente: mientras recorría el campo buscando a papá me había contagiado de fiebres tifoideas. Livi me cuidó, y tengo que agradecérselo, porque me salvó la vida. Un par de meses más tarde, una delegación sueca llegó a Bergen-Belsen con la misión de llevar a diez mil supervivientes a Suecia para pasar seis meses recuperándose. Livi y yo estábamos entre ellos. Después de un viaje en tren y de la desinfección en Lübeck, nos metieron en una ambulancia con destino a Malmö, en Suecia. Nunca olvidaré ese viaje, ese sentimiento de libertad.

«¿Cómo fue recibida en Suecia?»

El barco que nos llevó a Suecia se llamaba Rönnskär y era un carguero reconvertido en buque ambulancia. Fue una experiencia nueva para mí: nunca había viajado en barco, nunca había visto el mar. No se nos permitía estar en cubierta durante el día, la guerra aún no había terminado y el mar del Norte estaba plagado de minas. Varios barcos más pequeños exploraban una ruta hacia delante y teníamos que permanecer amarrados por la noche. Era entonces cuando nos permitían subir las escaleras, respirar el aire del mar y disfrutar de la vista panorámica. Disfruté del viaje.

Nuestras expectativas eran altas. Mis compañeros de viaje y yo sentimos que habíamos sido elegidos para una nueva vida, donde seríamos tratados como invitados especiales y todas nuestras necesidades serían satisfechas. Los colchones del barco estaban rellenos de hojas de papel y su crujido al menor movimiento me hacía sentir especial, como un praliné envuelto en un papel plateado. Tres días y tres noches pasaron rápidamente, y estábamos felices cuando llegamos a Malmö. Nos encontramos con las *lottor*, miembros del ala femenina de la Guardia Nacional Sueca, que nos dieron cacao y bocadillos. Pensamos que habíamos llegado al paraíso y durante un buen rato no dejamos de comer bocadillos y de beber aquella bebida celestial, el cacao. Para mí, desde entonces, el cacao ha sido el emblema de la buena vida en Suecia.

Desde el puerto, nos llevaron en tranvía a la Linnéskolan, la escuela donde nos alojaron. Lo que más recuerdo de aquella época es la comida: la buena comida, la carne con salsa de rábano picante y el extraño pudin negro con pequeños trozos de arándanos rojos que entraba tan bien. Comíamos y comíamos y nunca nos saciábamos. La comida era el detalle estimulante en nuestras vidas, y la disfrutábamos muchísimo. Nos servían cinco comidas al día, pero siempre teníamos miedo de quedarnos sin. La mayoría nos llevábamos comida del comedor y la escondíamos debajo de nuestras almohadas. El hecho de que se nos permitiera comer bocadillos entre las comidas no nos detenía, ni tampoco las garantías del paciente personal de que siempre habría más comida. Aquella hambre insaciable nos afectaría durante el resto de nuestras vidas de diferentes maneras: algunos sufrirían anorexia, pero la mayoría, desde entonces, hemos mantenido la nevera con exceso de existencias.

Los lugareños se reunían al otro lado de la cerca de la escuela para mirar a los supervivientes de Bergen-Belsen, pero se nos prohibió acercarnos a ellos. Nos mantuvieron en cuarentena durante seis semanas, y solo entonces pudimos familiarizarnos con los suecos que estaban fuera. Eran amables y curiosos, algunos traían pequeños regalos, pero realmente no querían escuchar nuestras historias. Fuimos bien recibidos: no era un momento muy oportuno para que las personas mostraran sus prejuicios, sus inclinaciones nazis, su antisemitismo. Todo esto fue barrido debajo de la alfombra. No fue hasta la década de 1980 cuando el nazismo comenzó a surgir de nuevo, para extenderse una vez más. Cuando lo pienso, también puedo ver ese patrón hoy. Las personas son empáticas, quieren ayudar, compartir su abundancia, pero tan pronto como se trata de hacer sacrificios, de compartir en el sentido más estricto o de renunciar a su propio tiempo, todo se vuelve más difícil. Nos sentimos bienvenidos en Suecia. Cuando la euforia inicial se asentó y experimentamos nuestros primeros contratiempos, comenzamos a pensar en dejar el país. Pero poco a poco nos acostumbramos a Suecia, y Suecia se acostumbró a nosotros. Aprendimos que no hay paraíso en la Tierra. En Suecia, como en otros países, algunas cosas son buenas, otras, malas. Así que ahora me siento como en casa.

«¿Cómo lidió con su trauma?»

Tuve la suerte de llegar a Suecia muy pronto, en el verano de 1945. Fue un momento difícil. Me atormentaba haber perdido a toda mi familia excepto a mi hermana. Me torturaba pensar cómo habían asesinado a mis padres mientras yo sobrevivía. ¿Cuántos de los cincuenta y seis miembros de mi familia seguirían vivos?

La palabra «trauma» apenas se conocía y nadie había oído hablar de la idea de «procesar el trauma». La noción de que una persona puede sufrir un traumatismo duradero solo fue señalada cuando cada vez más supervivientes se quejaron de problemas de salud. Ya durante la Primera Guerra Mundial algunos soldados experimentaron trastornos derivados del sufrimiento al que habían sido sometidos, pero durante mucho tiempo este sufrimiento no fue aceptado como una enfermedad mental. Se la llamaba «conmoción debida a los bombardeos», y los soldados eran enviados de vuelta al frente. Cuando los síntomas regresaban, eran acusados de fingir.

Cuando más y más supervivientes empezaron a ir al médico y este no pudo encontrar ninguna explicación física para sus síntomas, la idea de que los problemas podrían ser de naturaleza mental, como resultado de sus experiencias en tiempos de guerra, comenzó a echar raíces. Tardaron varios años, pero poco a poco se dieron cuenta de que solo el procesamiento puede ayudar a los que sufren. Se establecieron varios centros de trauma y los refugiados que llegaron más tarde tuvieron la oportunidad de procesar sus experiencias.

Tuve suerte. Tenía una buena constitución, era atlética, bastante fuerte y tenía una voluntad obstinada. Al parecer, también tenía buenos genes. Además de estas cualidades, durante mi primera infancia, en la que se puede nutrir o privar a un individuo de seguridad y confianza, tuve la suerte de tener unos padres dedicados y perceptivos que me dieron un buen inicio de vida. Tuve una madre amorosa y un padre que estaba presente. Según los psicólogos, los primeros tres meses de vida dejan huella en el individuo. Es entonces cuando el niño ve su propia imagen reflejada en los ojos de su madre y encuentra la afirmación de que es bienvenido al mundo. Esta seguridad fue lo que me ayudó después de la guerra, en el camino de regreso a la vida.

Además, instintivamente comencé a procesar mis experiencias escribiendo un diario. Llevaba un diario desde mi adolescencia y entonces lo retomé. Se convirtió en una especie de autoanálisis. Marianne, una chica sueca de mi edad que se convirtió en mi amiga, me apoyó mucho; ella significó mucho para mí, se convirtió en una especie de hermana mayor. Me enseñó a hacer un «balance general», a anotar todo lo que era bueno en un lado del papel y, en el opuesto, todo lo que había perdido. No ayudó entonces, pero con el tiempo se convirtió en algo muy útil.

Al mismo tiempo, quería ser fuerte ante Livi. Mientras Marianne se convertía en una hermana mayor, sentí que tenía que apoyar a mi hermana menor. Era un momento doloroso, y ese dolor no se alivió hasta que empecé a trabajar, e incluso en ese momento el alivio llegaba solo a ratos. El trabajo requería toda mi concentración durante el día, pero por la noche resurgían las preguntas que me atormentaban. ¿Cuál había sido el propósito de todo aquello, por qué había sobrevivido? Me costaba encontrar la respuesta, pero sabía que tenía que haber una razón por la que todavía estuviera viva. Y entonces, un día, se me reveló.

«¿Qué le hizo comenzar a dar conferencias?»

Finalmente me di cuenta de que había sobrevivido para que alguien pudiera contar lo que sucedió durante el Holocausto. Si nadie cuenta la historia del Holocausto, se olvidará, y lo que se olvida puede repetirse fácilmente. Si se desvanece en el olvido, nadie recordará que seis millones de judíos e innumerables comunistas, homosexuales, personas con discapacidades, gitanos y otros, considerados de valor inferior al humano, existieron.

La primera vez que me di cuenta de ello fue cuando una maestra me llamó y me pidió que hablara en su escuela.

Cuando me retiré, a principios de la década de 1980, comencé a escribir libros sobre lo que había sucedido. El primero fue *The Road to Auschwitz: Fragments of a Life*. Desde entonces, he dado conferencias durante muchos años, y lo he hecho por dos razones: para que los nombres de mis padres, Frida Klein Szmuk e Ignatz Szmuk, sigan existiendo y para que las generaciones venideras saquen del Holocausto lecciones de vida, para que nunca tengan que experimentar algo como lo que he vivido yo.

Los adolescentes a menudo se enfrentan a preguntas sobre el significado de la vida. Uno lo hace, a veces, incluso sin haber vivido la guerra y la persecución. Me gustaría parafrasear al autor somalí Nuruddin Farah, quien dice que el significado de la vida es hacer el bien, hacer buenas obras, ayudar al prójimo, porque esto también te hace sentir bien.

En cuanto a mí, creo que el sentido de la vida es la vida misma.

«¿Se siente sueca?»

La cuestión de si me siento sueca es muy complicada. Plantea muchas otras preguntas. ¿Quién soy yo? ¿Dónde me siento en casa? ¿Adónde pertenezco? ¿Es el lugar donde nací o el lugar donde crecí? ¿Es donde tengo a mi familia o mi trabajo, o tiene que ver con el grupo nacional, étnico o religioso al que pertenezco? Alcanzar una respuesta lleva tiempo.

Nací en Rumanía, en una familia judía de habla húngara. Cuando era niña, era natural que otros niños hablaran otros idiomas, comieran otros alimentos y llevaran otras ropas. Jugábamos juntos y nos entendíamos. Solo en la escuela me di cuenta de que algunos consideraban que ciertos grupos eran mejores que otros. Éramos castigados por hablar otro idioma que no fuera el rumano. Mi primer recuerdo de mi primer día de escuela es haber recibido varios azotes en la palma de las manos con una fusta que dejaba profundas marcas rojas. Durante los años siguientes, evité los golpes, pero a menudo perdía mi asignación semanal cuando me sorprendían hablando húngaro, porque éramos multados con un leu por cada palabra. La intención era usar la fusta para hacer que los rumanos evitaran a todos estos grupos étnicos diferentes. Y en parte lo consiguieron. Cuando los húngaros entraron en Transilvania en 1942, yo era toda una nacionalista rumana. Y entonces los húngaros tratarían de convertirnos en nacionalistas húngaros. Incluso utilizaron el mismo dispositivo: la fusta.

Cuando llegué a Suecia, no sabía quién era yo. Venía de un mundo donde no contábamos como seres humanos. Lo notable es lo fácil que es verse a través de los ojos de los demás. Si el otro piensa que soy bueno, me siento bien; si el otro piensa que soy malo, me siento mal. Al igual que todos los demás, necesitaba ver la afirmación en los ojos de los suecos antes de poder responder a la pregunta de quién era yo. Venía de Transilvania, una parte de Hungría en aquel entonces, por lo que fui clasificada como judía húngara. Pero los húngaros eran nuestros verdugos, ellos fueron los que nos entregaron a los alemanes. De modo que no quise profesarme como judía húngara.

Cuando era niña quería verme como rumana. Pero solo había rechazo en los ojos de nuestros vecinos rumanos. Tampoco me convertí en húngara después de la llegada de los húngaros. Experimenté ese mismo rechazo, independientemente de lo que deseara. Cuando llegué a Suecia, no era nada. ¿Sería capaz de ser sueca? Eso esperaba. Mientras aprendía el idioma y cuando encontré trabajo, pensé que tal vez podría.

El sentimiento de pertenencia surge como resultado de la interacción entre la apertura de la comunidad receptora y la propia voluntad de adaptación. Esta última estuvo presente en mí desde el principio. Fue maravilloso sentirme bienvenida por la sociedad sueca cuando llegamos a Malmö, pero, desafortunadamente, no duraría mucho. Con el tiempo, descubrí que había confundido con una bienvenida la compasión de las personas que nos recibieron. Tardé varios años en entenderlo. Para entonces, ya tenía un trabajo y había comenzado a aprender el idioma. Todavía era considerada una extranjera, y seguiría siéndolo hasta que me convirtiera en ciudadana. Descubrí que no me convertiría en sueca hasta que recibiera la ciudadanía, para lo que tuve que esperar siete años.

Pasó el tiempo, me casé y tuve tres hijos. Para entonces, estaba arraigada: tenía mi hogar en Suecia y había empezado a considerarme sueca. Pero la sociedad sueca tenía una opinión diferente: todavía era solo una inmigrante. Mi esposo y yo, ambos con los mismos orígenes, trabajamos arduamente y contribuimos al desarrollo de la sociedad sueca.

Hoy en día me considero sueca, pero todavía no me atrevo a decirlo en voz alta delante de personas que no conozco, ya que es muy doloroso ser rechazada con una mirada que dice: «Tú no eres como nosotros. Tú eres una inmigrante, podríamos ser capaces de aceptar que eres una inmigrante sueca».

Aun así, las cosas han cambiado un poco desde el momento de nuestra llegada. Ahora, cada vez más personas se acercan a mí sin esa mirada dudosa que dice: «No eres como nosotros. ¿Qué eres?». Cada vez más personas han dejado de lado sus prejuicios, y espero que aún más lo hagan, que Suecia se convierta en un país donde hayamos eliminado los prejuicios arraigados que impiden la aceptación del otro, que Suecia abrace a las personas naufragadas y las incorpore en la sociedad. Si los inmigrantes y los suecos pueden encontrarse a medio camino, todos floreceremos.

«¿Se ve reflejada en los refugiados de hoy en día?»

Llegué a Suecia en el verano de 1945 gracias a la generosa promesa del Gobierno de recibir a diez mil supervivientes enfermos durante seis meses para su recuperación. Esos seis meses se convirtieron en una larga vida llena de luchas, fracasos y éxitos.

Éramos refugiados del pasado, agradecidos por la generosidad que se nos mostró. Para recuperar nuestra dignidad humana, queríamos comenzar a trabajar tan pronto como tuviéramos fuerzas. No importaba qué tipo de trabajo, aceptamos lo que se nos ofreció. Pensamos que si aprendíamos el idioma, podríamos lograr nuestro deseo más profundo: convertirnos en ciudadanos útiles. Sabíamos que no queríamos volver a nuestros antiguos países de origen, por lo que no nos diferenciamos de los refugiados de hoy. La única diferencia era que entonces no queríamos, y hoy en día no pueden.

Cuando veo las impactantes imágenes de barcos destartalados y abarrotados en el Mediterráneo, me veo sentada allí. Yo también me habría subido a ese barco, incluso con pocas esperanzas de sobrevivir. Estas personas saben que no son bienvenidas en ningún lugar, al igual que sabíamos que los judíos no éramos bienvenidos desde 1938. Incluso después de 1945, esto no mejoró: los prejuicios son como una mancha terca, difíciles de lavar.

Los prejuicios comienzan como una construcción social que busca la afirmación. Como una profecía autocumplida, se convierte en un círculo vicioso.

A pesar de esto, Suecia se abrió, al menos para los diez mil entre los que estábamos Livi y yo.

Cuando a día de hoy veo a los refugiados, me identifico con estas personas desafortunadas cuya única alternativa a la muerte inminente es un peligroso viaje a lo desconocido. En lugar de encontrarse con una mano amiga, se encuentran con altos muros y personas indiferentes, que han perdido su humanidad. Veo el mismo egoísmo e irresponsabilidad que existió a principios de la década de 1930, pero aún más fuerte. Entonces, como ahora, no había muchos que pudieran imaginar que algo malo les sucediera a ellos mismos. El pastor protestante alemán Martin Niemöller tampoco lo creyó, ya que Hitler no tocó a la Iglesia protestante al principio. Más tarde, cuando fue encarcelado, dijo: «Primero vinieron a por los comunistas, y no dije nada porque no era comunista. Luego vinieron a por los judíos, y no dije nada porque no era judío. Luego vinieron a por mí, y no quedaba nadie que hablara por mí».

A todos y cada uno de nosotros puede sucedernos lo peor, sin importar cuánto intentemos decirnos lo contrario.

Aún no hemos visto el final de la crisis de los refugiados que está ocurriendo hoy, y no podemos decir que, algún día, no tendremos que llevarnos lo puesto y buscar un nuevo hogar. Si has pasado por esto una vez, sabes que puede volver a suceder.

«¿Alguna vez ha sido amenazada por neonazis?»

Hace unos treinta años, recibí una llamada de un periodista que quería que discutiera sobre el Holocausto por televisión con una de las principales figuras nazis de la época. Aquel hombre, recién salido de la prisión, negaba el Holocausto. Rechacé la propuesta. Solo puedo hablar de lo que he pasado; no puedo convencer a los que no me creen. Cuando argumentan que nadie puede decir que ha visto una cámara de gas desde el interior, solo puedo estar de acuerdo. No, es cierto, nadie puede decir que ha visto una cámara de gas desde el interior porque nadie que ha entrado en una cámara de gas ha salido con vida.

Puede ser difícil cambiar las mentes de los nazis inveterados, pero lo importante es llegar a los jóvenes antes de que se vean afectados por la ideología del odio. Hay que llegar al final de la «cola», a aquellos que se unen a los nazis porque parece una idea divertida. ¿Pueden los jóvenes tomarse en serio lo que sucedió durante el Holocausto? ¿Es posible evitar que se unan a grupos nazis que los atraen con camaradería, música, alcohol y promesas de aventura?

Como ejemplo de lo difícil que es llegar a los nazis ya comprometidos, quiero contar la historia de un encuentro entre Judith, una superviviente, y un nazi muy joven y anónimo que distribuía folletos con el mensaje «Auschwitz nunca sucedió». Judith se acercó a él y le preguntó cómo podía saber eso, ya que era muy joven cuando sucedió. El nazi respondió que lo había oído de un profesor de renombre. Judith levantó la manga de su abrigo y reveló su número tatuado: A-51792. Los nazis simplemente se rieron y dijeron que Judith podía habérselo tatuado ella misma.

Mi encuentro más cercano con un neonazi fue a principios de la década de 1990, cuando este fue juzgado por difamación. Escribió cartas de odio a varias personas, incluyéndome a mí. Me llamaron como testigo y me pidieron que contara mi historia. Fue condenado a prisión, pero incluso desde allí logró enviarme una carta muy desagradable. Se la entregué a la policía. No sé lo que pasó después.

El director de una escuela de Täby, en Suecia, una vez me llamó y me pidió que fuera a dar una conferencia allí, ya que algunos chicos conflictivos se peleaban continuamente y dibujaban esvásticas en las paredes. Después de mi charla, a la que, naturalmente, aquellos muchachos no asistieron, algunas niñas se acercaron a mí y me dieron las gracias. Pensaron que era importante escuchar mi historia y me dijeron que ya no se relacionarían con aquellos chicos. Cuando los muchachos perdieron su apoyo, la escuela se calmó y las esvásticas desaparecieron.

«¿Alguna vez ha sido amenazada por neonazis?»

He recibido algunas cartas insultantes, y en ocasiones amenazadoras, a lo largo de los años. Normalmente se las entrego a la policía. Nunca me han asustado. En general, el objetivo de los escritores de cartas anónimas es infundir miedo.

«¿Odia a los alemanes?»

Nuestro grupo de trabajo acababa de regresar al campamento después de un duro y lluvioso día entre escombros. La mayoría ya habíamos destrozado nuestros zapatos y ahora corrían rumores sobre un nuevo envío. ¿Quién los conseguiría? Hambrienta y helada, con los pies mojados dentro de aquellos zapatos que solo lo eran de nombre, me acerqué al jefe del campo y le pregunté si podía darme un par. Me miró con una sonrisa sardónica y me golpeó en la mejilla izquierda con tanta fuerza que me dejó un zumbido en el oído. Estaba a punto de caerme cuando la siguiente bofetada aterrizó en mi mejilla derecha. En lugar de restablecer mi equilibrio, me lanzó al suelo. El dolor fue sustituido por un odio furioso: quería saltar sobre él y golpearlo una y otra vez. Pero no me atreví. Él tenía el poder.

Siendo de Hungría, tenía dos objetos de odio: los alemanes y los húngaros. Los alemanes eran nuestros torturadores, pero fueron los húngaros quienes nos entregaron a nuestros verdugos. Y después de la guerra tardaría mucho tiempo hasta dejar de odiar. Curiosamente, mi odio hacia los alemanes desapareció más rápido que hacia los húngaros. La imagen de los sombreros con plumas de los gendarmes húngaros me perseguiría durante mucho tiempo en mis pesadillas.

Solo superé esas pesadillas gracias a un inmigrante húngaro que conocí hace unos años. Me dijo que había nacido en un pequeño pueblo en la Puszta húngara y que nunca había visto a un judío hasta que llegó a Suecia. Sin embargo, él sabía que los judíos debían ser odiados por crucificar a Jesús. Lo había aprendido de los sacerdotes en la escuela dominical, antes incluso de haber aprendido a leer.

Me hizo pensar y, finalmente, ver el otro lado de la moneda. Comencé a darme cuenta de que no eran nuestros vecinos de Sighet quienes nos habían llevado a los vagones de ganado, sino que eran los jóvenes policías locales los que alimentaban el odio inculcado. Al resto de Sighet probablemente no le gustó deshacerse de nosotros. Algunos de nuestros vecinos incluso habían tratado de ayudarnos. La peluquera de mi madre desafiaba la prohibición de entrar en el gueto y venía a traernos alimentos.

El odio es una reacción natural ante el hecho de ser perjudicado, y debe ser aceptado por lo que es. Sin embargo, odiando no consigues nada, es muy contraproducente. El odio no afecta al odiado, pero el que odia se siente terriblemente mal. El odio despierta sentimientos de venganza, y si se actúa motivado por estos, el odiado pronto se convertirá en el que odia. Conduce a una espiral de odio interminable. Se tarda mucho en poder dejar de lado el sentimiento de odio, tienes que procesar lo que sucedió hasta dejar de odiar. Entonces puedes seguir adelante y vivir sin amargura. No es una cuestión de perdonar. No puedes perdonar en nombre de aquellos que fueron asesinados, como dijo el famoso cazador de nazis Simon Wiesenthal. Pero puedes aprender a vivir con lo que ha sucedido. Puedes convivir con el que fue tu enemigo y toleraros mutuamente. Te das cuenta de que nunca sabrás cómo habrías reaccionado tú misma en una situación vulnerable. Mientras estaba en los campos, odiaba a todos los alemanes. Estaba repleta de sentimientos de venganza. Si me hubieran dado la oportunidad, probablemente me habría vengado. Pero después de la liberación la mayoría entendimos que la venganza solo haría que descendiéramos hasta el mismo nivel que los asesinos.

Tras la liberación de Bergen-Belsen, los soldados británicos metieron a nuestros antiguos guardias en la trasera de un camión y nos dijeron: «Aquí tenéis a vuestros verdugos, haced con ellos lo que queráis, vengaos». No fueron muchos los que lo hicieron. La mayoría simplemente nos alejamos, contentos de saber que ya no tenían poder alguno sobre nosotros.

Nuestra venganza es que nosotros, que supuestamente fuimos exterminados, aún vivimos y tenemos nuevas familias. Nuestra venganza es que los nazis del pasado se han ido, y hoy en día cada vez más de sus descendientes escuchan nuestras historias y trabajan para asegurarse de que nunca más vuelvan a suceder.

Hoy tengo muchos amigos, tanto alemanes como húngaros, muchos de ellos hijos de criminales nazis, que trabajan para alcanzar el mismo objetivo que yo.

Desafortunadamente, a veces también me encuentro con otros que, una vez más, se dedican a promover la ideología del odio. No escuchan mi historia, simplemente repiten las frases ensayadas que intentan difundir entre los jóvenes. Estos neonazis deben ser aislados para evitar que nadie más se una a ellos.

A veces, hay una persona en el círculo de conocidos que habla con prejuicios. Cuando sucede, tengo muchas ganas de preguntarle en qué basa su convicción. Con esto espero despertar su voluntad de analizar sus propias opiniones y las de los demás y que llegue a conclusiones sobre su veracidad. Abro una discusión que puede no producir resultados inmediatos, pero, si una pregunta se plantea varias veces, es de esperar que pueda llevar a un cambio.

«¿Ha conocido a algún criminal nazi?»

Después de la guerra seguí odiando a los alemanes. Tardé tiempo en deshacerme de aquel odio. Y también persistía en mí un miedo inconsciente. Unos años después de la guerra, viajé en un tren nocturno por Alemania y me desperté empapada en sudor por culpa de una pesadilla en la que los alemanes estaban a punto de ahorcarme. Me desperté con pánico. Tardé un momento en darme cuenta de que solo era un sueño causado por mi camisón, que se me había enredado alrededor del cuello.

Al principio, me negaba a hablar alemán y a viajar a Alemania. Más tarde, cuando ya dirigía una pequeña empresa y no tuve otra opción, me resultó muy difícil. Veía a todas las personas de mi edad o mayores como un potencial criminal nazi. Nunca me permitía participar en ninguna conversación privada, ni siquiera escuchaba. Pasarían muchos años antes de que comprendiera que me perjudicaba ver a todos los alemanes como criminales. Finalmente me liberé de la sospecha y del odio. Con el paso de los años, comencé a aceptar invitaciones a varios eventos en Alemania y me resultó más fácil socializar con personas alemanas. Incluso hice amigos. Uno de ellos era el hijo de un criminal, Martin Bormann, mano derecha de Hitler. Él también se llamaba Martin.

Como todos los jóvenes, él también había sido miembro de las Juventudes Hitlerianas y al final de la guerra había luchado en el frente. Se sintió completamente devastado cuando Hitler se rindió. Planeó quitarse la vida y vagó por el bosque con un arma, sin comida, durante varias semanas. Pero el hambre lo obligó a llamar a la puerta de una casa de campo. Era el hogar de un sacerdote. Mi amigo se presentó con un nombre diferente y pidió comida. Cuando el sacerdote le hizo preguntas, le dijo que su padre había muerto en el frente y que su madre había desaparecido. El sacerdote se compadeció de Martin y le permitió quedarse allí durante varios años. Era la primera vez que Martin recibía un mensaje de amor, y le impresionó mucho. Entonces se dio cuenta de la diferencia entre las dos formas de vida que había experimentado, y decidió difundir el mensaje él mismo.

Martin no fue el único que se distanció del pasado. Conocí a alemanes jóvenes que estaban en desacuerdo con la generación de sus padres y que decidieron poner en manos de la justicia los crímenes de sus mayores.

Debido a mi trabajo, conocí a un joven llamado Joakim cuya historia de vida también me conmovió. Era huérfano y estaba convencido de que su padre había muerto en primera línea de fuego, como muchos padres de su generación. Su madre volvió a casarse, con un exmilitar, y pronto tuvo nuevos hijos. Creció en un ambiente amoroso, pero influido por el espíritu nazi que aún prevalecía en su familia. Se acordaba de las palabras de su abuela: «Hagas lo que hagas, nunca te cases con una judía».

No podía recordar cuándo escuchó por primera vez que su padre había sido un criminal nazi. Le preguntó a su abuela, quien confirmó su afiliación al Partido Nazi, un requisito para todos los alemanes en aquel entonces. Sin embargo, no quería admitir que el padre había cometido delito alguno.

Cuando Joakim creció, las acusaciones de que su padre era uno de los criminales nazis que habían huido de la justicia después de la guerra se hicieron más frecuentes. Rechazó aquellas acusaciones como falsas y contrató a un abogado para probarlo. El abogado investigó, y Joakim, con gran desesperación, vio confirmadas las acusaciones. Su padre había sido un oficial de alto rango responsable del exterminio de los judíos en una región de Ucrania. Al final de la guerra, había recibido ayuda a través de la Iglesia católica para escapar a Italia y esperar su visado de entrada a Argentina. Cuando Joakim descubrió todo aquello, cortó todos los lazos con su familia y decidió dedicar su vida a combatir el nazismo.

De camino a una conferencia sobre derechos humanos conocí a otro joven, Friedrich. Durante el curso de nuestra conversación, se hizo evidente que había sido miembro de las Juventudes Hitlerianas y que en ese momento trataba de aclarar su pasado, de obtener respuestas a por qué nunca había pensado por sí mismo, a por qué siempre había aceptado obedientemente y ejecutado las órdenes que había recibido.

Me preguntó por mi pasado y se sorprendió cuando descubrió que yo había estado en los campos de exterminio. No quise saber más sobre su pasado, sobre dónde había estado y qué había hecho. Ahora que él llevaba a cabo la misma labor que yo, el pasado carecía de importancia. Solo si los antiguos enemigos pueden unirse y luchar juntos por el mismo objetivo podemos esperar un futuro mejor, un futuro en una sociedad digna, una vida sin odio y sin venganza.

«¿Es capaz de perdonar?»

Esta es una pregunta en la que pensaba con frecuencia, hasta que me di cuenta de que no hay que pensar en esos términos. Lo que se ha hecho no se puede deshacer, el tiempo no puede retroceder, los que se han ido nunca volverán. Hoy tenemos que mirar hacia el futuro.

Lo que podemos hacer hoy es trabajar para asegurarnos de que nunca vuelva a suceder.

«¿Ha regresado alguna vez a su ciudad natal?»

Tuve que aguantar pesadillas durante mucho tiempo. Cuando me casé y tuve hijos, soñaba por la noche que yo estaba en Sighet y que mi familia todavía estaba en Estocolmo. Pensé que nunca me atrevería a volver allí.

Pero pasó el tiempo y mis hijos crecieron, y cuando supieron lo que le había sucedido a nuestra familia, me hicieron preguntas. Después de todo, no tenían abuelos maternos ni paternos, no tenían tías ni tíos, no tenían una gran familia con la que poder pasar las vacaciones escolares como hacían sus compañeros de clase. No había ocasiones especiales en las que se reuniera toda la familia. Cuando entraron en la adolescencia, decidí que viajaríamos a Sighet para que se sintieran más cerca de sus raíces y comprendieran un poco mejor nuestra situación.

Durante el viaje, fue una tarea muy difícil contarles a mis propios hijos que nuestra familia había muerto. No quería que vieran que estaba triste, así que hablé como si fuera una turista en una ciudad extranjera, pasando las páginas de un libro escrito por otra persona. No me permití sentir nada.

Todavía no entendía que enumerar los hechos solo proporciona conocimiento intelectual, que solo llega a la mente de uno. Para alcanzar la comprensión emocional, la historia debe llegar al corazón. Mis hijos obtuvieron las respuestas a sus preguntas, pero yo no sabía qué pensaban realmente. Volver a visitar mi hogar de infancia no me proporcionó ninguna experiencia real. Por eso decidí viajar allí otra vez, peregrinar hasta allí con mi hermana, visitar todos los lugares que eran importantes para nosotras, dejar que las emociones nos inundaran, permitirnos llorar. Y el verano siguiente lo hicimos.

Nuestra primera excursión fue al centro, al parque que estaba lleno de tiendas. Fue como ir al teatro a ver una obra que ya había visto. Y sí, el escenario era el mismo, pero todos los actores habían cambiado. El quiosco de música del parque todavía estaba allí, pero recién reconstruido. Los carteles de las tiendas habían cambiado: donde antes había nombres judíos, ahora ostentaban los rumanos. Entré en la tienda que había sido propiedad de mi tío, donde un dueño al que no conocí vendía los mismos tipos de telas que yo solía elegir. Caminé por la ciudad y vi a mi tía a la vuelta de una esquina, pero, cuando la alcancé, era una completa desconocida.

Nuestra vieja casa todavía estaba allí. Los actuales dueños nos miraron con cierta sospecha cuando dijimos que habíamos vivido allí cuando éramos niñas. Tenían miedo de que quisiéramos recuperarla, pero nos dejaron entrar y echar un vistazo. Dentro no vi lo que estaba frente a mí. En su lugar, vi el dormitorio de mis padres tal como estaba amueblado en aquel entonces. En mi habitación vi mis posesiones más preciadas: el piano y los libros. Casi pude escuchar a nuestro perro Bodri ladrar en el patio. Tanto Livi como yo derramamos muchas lágrimas. Nos sentíamos como las niñas de un cuento que se habían ido de casa sin permiso y que ahora tenían que enfrentarse a las consecuencias; aunque racionalmente sabíamos, por supuesto, que no habíamos tenido la culpa.

Ambos viajes trajeron algo positivo. Las pesadillas aflojaron su presa. No cesaron, pero con el tiempo dejé de despertarme empapada en sudor y con la sensación de que mis hijos estaban en Suecia y que yo estaba lejos y nunca volvería a verlos. Entendí que hay que enfrentarse a los propios miedos. Solo entonces puedes expulsar a los monstruos de debajo de la cama.

«¿Con qué frecuencia piensa en el tiempo que pasó en los campos de exterminio?»

He dado conferencias sobre el tiempo que pasé en los diferentes campos casi a diario desde la década de 1980, y cada vez que hablo sobre aquello, siento que lo revivo. A pesar de ser muy difícil, ha significado algo bueno para mí: se ha convertido en una manera de procesar mi trauma.

A la mayoría de los supervivientes les resulta difícil hablar de lo que les sucedió, por lo que persiste en ellos un dolor constante. Como yo trabajo con ese dolor a diario, hablo y escribo libros sobre ello, ya no está allí cuando acabo mi trabajo. No está presente en mi conciencia, aunque está debajo de la superficie y no necesito esfuerzo alguno para que emerja.

Si camino por la calle y escucho a un perro ladrar detrás de mí, instantáneamente estoy de vuelta en el campo, en el grupo de niñas dispuestas en filas de a cinco, de camino al trabajo, custodiadas por soldados de las SS con pastores alemanes. Si alguien se detiene o se sale de la fila, sé que soltarán a los perros para que se lancen contra ella. Puedo sentir el miedo y el viento helado que sopla a través de la tela ligera de mi vestido, y siento el dolor en mis pies descarnados causado por los zuecos. Otras veces, veo una chimenea y siento de nuevo el dolor que experimenté cuando entendí qué función tenían las chimeneas de Auschwitz.

Cuando estoy con mi hermana, rara vez hablamos del Holocausto. Pero lo que a mí me lleva al pasado también la lleva a ella, y solo tenemos que mirarnos para saber en qué estamos pensando.

«¿Cómo vive el hecho de envejecer?»

Me estremezco por la noche y observo con satisfacción que el vuelo que se suponía que debía tomar se retrasó. Todavía no sé si todo esto es un sueño o si realmente estoy a punto de emprender un viaje. Pero, como el avión se ha retrasado, me siento bien. Puedo esperar otro día soleado de otoño. ¿Estoy soñando o esto es real?

En los campos de exterminio, traté de imaginar que lo que soñaba por las noches era la realidad y que lo que padecía por el día eran sueños. ¿Es así ahora? ¿Contra qué estoy luchando? La respuesta está en la luz del día: envejecer.

¿Cuándo se comienza a envejecer? Hoy en día, se empieza cada vez más tarde. Hoy hablamos de mayores jóvenes, es decir, de jubilados que aún tienen fuerzas para desempeñarse por sí solos. Pero esa fuerza disminuye con el tiempo, y los mayores jóvenes se convierten en ancianos. Es algo muy individual: la edad biológica de uno no siempre se corresponde con la edad que uno siente. Yo misma no comencé a pensar en mi edad hasta que cumplí ochenta y dos años. En ese momento fue cuando me di cuenta de que era vieja, de que tenía ochenta y dos años. Comencé a jugar con los números y de repente me di cuenta de que habían pasado siglos desde que había cumplido veintiocho.

El envejecimiento tiene sus pros y sus contras. Lo más difícil es aprender a aceptar la lenta pérdida de las habilidades. Comienza con el deterioro de la vista y del oído y continúa con varias deficiencias físicas y mentales. Todo se ralentiza, tus movimientos se hacen más lentos, tu reactividad empeora. Ya no es recomendable conducir...

Al principio, me enfadaba conmigo misma por no tener la fuerza para hacer las mismas cosas que antes hacía sin esfuerzo, pero poco a poco comprendí que tenía que aceptarlo y aprender a reducir la velocidad. Al principio, traté de compensar mis mermas haciendo las cosas con mayor atención y más paciencia, pero llegué a la conclusión de que eso no ayudaba. La memoria a corto plazo desaparece, se hace cada vez más difícil recordar los nombres de las personas. A veces siento como si mi yo hubiera perdido la conexión con mi cerebro, no quiere darme las respuestas correctas, no importa cuánto lo intente. Me doy cuenta de cómo las cosas que solían ser de suma importancia para mí han perdido su significado. El paso de los años ha sido como escalar una montaña y, a medida que alcanzas picos más altos, ves que todo lo que está debajo se vuelve cada vez más pequeño, hasta que apenas se ve.

Ya no me preocupo por cosas triviales, puedo perdonar las declaraciones estúpidas y aceptar acusaciones injustas para evitar conflictos. Mi propio yo ya no es tan importante. Cada mañana, me regocijo en el nuevo día, en los cambios de las estaciones, en la bondad de un ser humano. Cada vez es más importante conocer gente; yo, que siempre he sido una loba solitaria, ahora disfruto de la compañía.

Cuando me topé con la investigación sobre la gerotrascendencia, comencé a entenderme mejor. La vida cambia continuamente y apenas te das cuenta de cuándo pasas la línea entre una etapa y otra. Los bebés se convierten en niñas pequeñas, las niñas en adolescentes, las mujeres pasan por la menopausia y la muerte es el paso final. La muerte es algo que nos espera a todos y, sin embargo, es un tabú hablar de ella. El cuerpo se prepara para ello, se ralentiza, obtiene nuevas perspectivas. Esto es lo que los científicos llaman gerotrascendencia. El pensamiento de la muerte se acerca cada vez más, y se manifiesta en los sueños, que cada vez es más frecuente que sean sobre el movimiento, sobre los viajes, sobre las cosas que has olvidado llevar contigo.

La muerte no me asusta. He vivido una vida larga, más larga de lo que podría haber imaginado, y todo llega a su fin en algún momento. Las personas nos dejan, llegan nuevas. Me he dado cuenta de que no hay una explicación de por qué estamos en el mundo. Lo que importa es cómo llenamos nuestros días para que aquellos que vengan detrás puedan habitar un mundo mejor que el que habitamos ahora.

«Después de todo lo que ha vivido, ¿cree en Dios?»

¿Es posible creer en Dios después del Holocausto? Esa es una pregunta sobre la que muchos autores y filósofos han reflexionado y escrito. Si preguntas a los que sobrevivieron, te das cuenta de que cada persona reacciona a su manera. Muchos de los que tenían una profunda fe antes de la guerra dicen: «Si esto pudo suceder, ya no creo en Dios». Me acuerdo de una mujer religiosa que había en el vagón de ganado de camino a Auschwitz y que le pidió a su vecino que le dejara probar un poco del jamón que llevaba con él. Por otro lado, hubo muchos ateos que se volvieron sumamente religiosos después de la guerra. Se convencieron profundamente de que fue Dios quien los ayudó a sobrevivir.

Muchas de las mujeres ortodoxas profundamente religiosas con las que estuve en los campos nunca perdieron su fe. Un día, varias volvieron de trabajar entre los escombros felices de haber encontrado un libro de oraciones. Rezaban cada mañana y cada noche. Creían plena y firmemente que el Dios que las había ayudado a escapar de la cámara de gas continuaría ayudándolas si seguían sus mandamientos.

A pesar de los continuos registros, lograron esconder su libro de oraciones y siguieron los mandamientos religiosos incluso cuando era casi imposible. Se las arreglaron para calcular la fecha del Día de la Expiación (Yom Kippur), el día en que uno no debe comer ni beber. Ni siquiera se preguntaron si ayunarían o no. Con el estómago vacío, sin siquiera enjuagarse la boca, se pusieron en la fila para iniciar la marcha hacia el lugar de trabajo. Una vez allí, trabajaron todo el día cargando los pesados sacos de cemento sin siquiera mojarse los labios.

La fe puede ser útil en el viaje de la vida, independientemente de la religión que profeses. El peligro aparece cuando la religión va demasiado lejos y el hombre se obstina en que todos deben compartir su fe. Es entonces cuando la fe se convierte en fundamentalismo y el mandamiento original de amor se convierte en un mandamiento de odio.

En el campo había algunos ateos que se burlaban de los creyentes a la vez que exigían respeto por sus propias creencias. Les costó mucho aprender que la tolerancia debe darse en ambos sentidos. No puedo exigir la tolerancia de mi fe si no tolero la tuya.

Para mí, nada ha cambiado mi actitud anterior. He mantenido la misma fe que tenía antes del Holocausto. Fui criada judía y he permanecido judía. Pero no creo que mi Dios sea especial. Si hay un Dios, es el mismo Dios que todos compartimos, lo llamemos Jehová, Cristo o Alá. No creo que Dios pueda estar en el cielo y velar por todos y cada uno de nosotros y decirnos cómo debemos actuar. Dios se encuentra en nuestro interior, en la brújula moral que nos ayuda a resolver los problemas de la vida.

La regla de oro «Haz a los demás lo que te gustaría que te hicieran a ti» se puede encontrar en todas las religiones y en todos los idiomas. Si todas las personas decidieran seguir su guía, viviríamos en un mundo mejor.

«¿Cuál es su visión del futuro?»

No creo que mi punto de vista difiera del de los demás cuando pienso en cómo se ve el mundo hoy en día. Veo el giro político hacia la derecha, el aumento del antisemitismo, de la xenofobia y de la destrucción del medioambiente. Abrir el periódico por la mañana es suficiente para provocarte pesadillas.

Y, sin embargo, tengo esperanzas.

Mirando hacia el pasado, podemos ver que desde el principio de los tiempos un período de conflicto a menudo es seguido por un período de paz y prosperidad. Ha habido progreso, pero en la forma de una espiral. En este momento no estamos en un buen lugar, pero las cosas cambiarán; pronto nos moveremos hacia arriba otra vez.

A menudo me preguntan: «¿Cómo podemos evitar que esto vuelva a suceder?». Solo veo una manera de hacerlo, y es a través de la educación de nuestros hijos; la crianza en general y la educación en particular. Las escuelas desempeñan un papel muy importante para determinar cómo será el futuro. Los maestros suelen ser innovadores y las reuniones de los *think tanks* pueden ampliar la manera en que se enseña el Holocausto. Los buenos maestros se convierten en modelos que imitar por los estudiantes. En una situación de crisis más adelante en la vida, esto puede significar una gran diferencia.

Cuando veo a los jóvenes de hoy, me siento optimista. Se han vuelto mucho más conscientes de sí mismos, están mejor informados y más interesados en el mundo que nosotros a su edad. Tengo la inquebrantable creencia de que tienen la voluntad y el potencial para resolver los problemas de hoy en día.

Cuando me encuentro con jóvenes, me sorprende cómo han cambiado durante los años en que he estado dando conferencias. Han pasado de mostrar poco interés a volverse cada vez más curiosos. Hacen más preguntas. Adquieren conocimiento con sus mentes y sus corazones; su comprensión se mueve a través del intelecto y de las emociones.

Al final de mis conferencias, generalmente los estudiantes me dicen: «No se preocupe, transmitiremos lo que nos ha contado, no queremos que suceda de nuevo».

También creo que las autoridades educativas han empezado a comprender lo importante que es continuar la lucha contra el olvido, y eso es un buen augurio. Si personas de todos los colores, todos los credos, todas las etnias y todas las edades se acercan a los que no entienden lo bien que se encuentran en nuestra democracia, podremos mantener lo que tenemos.

«¿Qué podemos aprender del Holocausto?»

He experimentado mucho y he logrado llegar a una edad avanzada. He escrito libros, artículos periodísticos, he impartido conferencias durante más de treinta años. Lo que siempre digo es: aprended de los demás y de mis experiencias. No es fácil, pero es la única manera de evitar el dolor al que fuimos sometidos durante el Holocausto.

Una condesa alemana, hija del embajador español cuya casa era un lugar de encuentro de los opositores a Hitler, dijo en 1948 que el mundo nunca ha aprendido nada de los asesinos, de las víctimas o de los testigos mudos, que su época era como un baile con la muerte y pocos eran los que entendían su extraño ritmo.

Sus palabras suenan hoy más certeras que nunca. Pero nunca debemos aceptar algo así o permitirnos sentirnos cómodos con ello. No debemos abandonar la lucha, debemos continuar difundiendo el conocimiento para ayudar a las nuevas generaciones a captar el ritmo y, por lo tanto, a evitar los errores de las generaciones anteriores.

¿Cuál es el ritmo? Los líderes carismáticos explotan el

descontento de las personas con las circunstancias actuales. Ofrecen respuestas simples a preguntas complejas y un futuro utópico de felicidad eterna. Estos falsos profetas suenan tan convincentes que es fácil que te convenzan. Solo mucho más tarde te das cuenta de que esas promesas tenían un precio. No se cumplieron las esperanzas y perdiste tanto tu libertad como tu hogar. Aquello con lo que te sentiste descontento al principio se convierte en algo que ahora miras con anhelo. Los alemanes cambiaron la República de Weimar por el sueño de mil años de Hitler, que los llevó a la ruina. Volviendo a 1914, vemos cómo tanto los jóvenes alemanes como los franceses se lanzaron a la guerra con entusiasmo, solo para, después de cuatro años, en una Europa en ruinas, decir con remordimiento: «No más guerra». Y hoy, una vez más, estamos descontentos con el estado de las cosas, ¿adónde nos llevará? ¿Dónde y cuándo comenzó realmente?

Cuando miramos hacia atrás, al amanecer de la historia, vemos cómo a los tiempos de guerras violentas les han seguido períodos de calma y luminosidad que pronto se oscurecen nuevamente y terminan en otra guerra. ¿Dónde podemos encontrar el origen de este patrón?

Creo que comenzó cuando hubo una primera razón para usar los conceptos «nosotros» y «ellos». Y, con eso, volvemos al hombre primitivo que formó las primeras comunidades agrícolas. Las familias vivían separadas, sin contacto entre ellas y, cuando crecieron y sintieron la necesidad de más espacio, alzaron la mirada hacia la comunidad vecina. Al conquistar «su» tierra, «nosotros» tuvimos espacio para respirar y hubo un período de calma antes de que la sociedad volviera a crecer. El hombre es egoísta por naturaleza: primero «yo», luego «nosotros», y los otros son «ellos», los extranjeros, los que no conocemos, los que no nos conciernen.

Los años pasaron, la población de la Tierra aumentó y, mientras que el cerebro humano se desarrollaba, nuestro comportamiento siguió siendo el mismo. Con el tiempo, la creciente demanda de espacio vital dio origen al colonialismo, que se expandió cada vez más. Para aliviar la conciencia del blanco, las teorías de la raza comenzaron a extenderse, y utilizaron los descubrimientos de Darwin sobre los animales como su modelo.

¿Qué he aprendido que quiero transmitir? En primer lugar, que todos los seres humanos son iguales. Esto lo aprendí de la manera más difícil, a través de la experiencia.

Cuando era niña, era natural que hubiera gentiles y criados. No éramos ricos, pero siempre había una doncella que realizaba las tareas domésticas. Se levantaba temprano por la mañana para encender el fuego, para que no tuviéramos frío durante el desayuno. Todavía recuerdo el hielo en la ventana derritiéndose lentamente mientras la criada me vestía con manos suaves. Yo también hacía uso de ella, incluso cuando ya era una adolescente. Mi paso por los campos de exterminio me enseñó que aquello estaba mal y que nunca debemos permitir que vuelva a suceder. Nadie debe tener poder sobre otro, ni el dinero ni el origen étnico deben ser una razón para tratar mal a alguien.

Durante los siglos precedentes, algunos adquirieron más tierras y, por lo tanto, más poder. Los poderosos sometieron a los pobres y a los débiles y, como resultado, las personas fueron clasificadas en categorías de mejores y peores. A comienzos del siglo XIX, una idea errónea comenzó a difundir que la humanidad podría dividirse en diferentes razas. Y eso dio lugar a prejuicios que aún permanecen en la actualidad. Los prejuicios son difíciles de combatir, el egoísmo innato del hombre hace que todos queramos sentirnos los mejores, mejores que los demás. Hubo muchos suecos que se enorgullecían de contarse entre los arios cuando Hitler afirmó que la raza nórdico-germana era mejor que todas las demás.

Los judíos y los gitanos son dos grupos que han sido blanco de prejuicios desde el principio de los tiempos. Al crecer, tuve que vivir con prejuicios contra los judíos y, al mismo tiempo, era natural para mí que los gitanos fueran inferiores a nosotros. Pasaría mucho tiempo antes de que llegara a reconocer mis propios prejuicios. Para entonces, ya estaba en Suecia, vivía en Dalarna y tenía tres hijos pequeños.

Un día, mi hijo de dos años desapareció y, por mucho que lo buscaba, no podía encontrarlo. Me preocupé mucho y me acerqué a casa de la vecina, que me dijo: «Ha pasado un clan de gitanos, tal vez se lo han llevado». No pude evitar creerla. Solo cuando el niño apareció de detrás de un arbusto de grosellas negras comprendí que era el viejo prejuicio el que sentía cuando me tomé en serio las palabras de la vecina.

Es importante reconocer los propios prejuicios. Una manera de hacerlo es: tan pronto como sientas disgusto por alguien, pregúntate por qué, para escrutar y rastrear el origen del sentimiento. Los prejuicios forman la base de los sentimientos de odio, racismo, antisemitismo, antigitanismo y antiislamismo, sentimientos que a veces pueden surgir por culpa de alguien de ese grupo que nos causó daño en el pasado. Pero tienes que conocer a una persona para poder juzgarla. Por instinto, tememos a lo desconocido, es un sentimiento primitivo en el hombre. En el principio de los tiempos, cuando las personas vivían en pequeñas comunidades agrícolas, esto preservaba la vida: lo desconocido podría ser peligroso. Pero hoy es contraproducente.

Todos y cada uno de nosotros tenemos una responsabilidad, tanto con la sociedad en la que vivimos como con nosotros mismos. Las personas no eran diferentes en las décadas de 1930 o 1940 a como son hoy, existen los mismos tipos. Esto se observa mejor en el patio de la escuela. Están los perpetradores, los matones que lanzan los golpes, y las víctimas, y los que simplemente observan sin intervenir, los espectadores. Con suerte, también hay algunos que ayudan a las víctimas. Que no debéis ser perpetradores es evidente, pero tampoco debéis ser espectadores; os hace igual de culpables.

Hoy vivimos en una democracia. Aunque no es perfecta, no hay otra forma de gobierno que sea mejor. Si queremos mantener nuestra democracia, debemos luchar por ella todos los días; de lo contrario, puede ocurrir fácilmente que el descontento con sus aspectos negativos produzca un líder carismático que ponga en peligro a Europa una vez más. No debemos hundirnos en el derrotismo, debemos seguir luchando, a pesar de la imagen negativa que hoy en día presenta el mundo.

«¿Podría volver a pasar?»

Lo que sucedió una vez puede volver a ocurrir, no de la misma manera, pero con resultados similares.

Mirando hacia atrás en el curso de la historia, podemos concluir que solo una generación es suficiente para que las experiencias del pasado pasen al olvido. Sabemos que el Holocausto no fue el primer exterminio de los llamados «subhumanos». Sin embargo, fue el primero en recibir el nombre de «genocidio» y en ver a sus instigadores castigados.

Bajo el colonialismo, la creencia en la superioridad del hombre blanco floreció y el asesinato impune de los nativos fue la regla y no la excepción. A principios del siglo XX, en el sudoeste alemán de África (ahora Namibia) tuvo lugar un verdadero exterminio cuando los alemanes cometieron grandes crueldades para deshacerse de más del ochenta por ciento de los nativos, el pueblo herero. Muchos estudiosos argumentan que Hitler más tarde consideró esto como un modelo.

Las personas fueron perseguidas y asesinadas con impunidad, y no fue hasta principios del siglo XX que un joven estudiante de derecho polaco llamado Raphael Lemkin comenzó a pensar que esto debería tener consecuencias legales. Pero primero tuvo que darle un nombre. Él acuñó la palabra «genocidio» (el asesinato de un pueblo) del griego *génos* (gente) y del latín *cide* (asesinato). Luchó toda su vida para conseguir que la comunidad internacional aceptara que el genocidio era un acto criminal. Solo después del Holocausto, en 1948, esta opinión fue adoptada por la Asamblea General de las Naciones Unidas. Hoy, ciento cuarenta y nueve países son miembros de la convención.

A pesar de esto, pronto se instigó un genocidio en Ruanda, y unos años más tarde en Serbia. Quedó claro que las amenazas de castigo no eran suficientes para evitar que volviera a suceder. Hoy sabemos que se necesita algo más, un cambio en la manera en que educamos a nuestros hijos.

A las nuevas generaciones hay que recordarles continuamente los crímenes anteriores. Aquellos que educan a la generación más joven, padres y maestros, deben impartir este conocimiento a sus hijos y estudiantes con la ayuda de libros de historia, monumentos y museos. Pero la manera en que se transmite es muy importante. Si el conocimiento solo se dirige a la mente, se olvida fácilmente. También debe llegar al corazón, donde puede despertar el aprendizaje emocional. Todavía hay algunos testigos presenciales que pueden hablar sobre sus propias experiencias. Aprehendemos el mundo tanto con la mente como con el corazón. Investigaciones recientes también atribuyen al corazón una inteligencia que puede ser entrenada, al igual que la inteligencia del cerebro.

El buen ejemplo dado por los padres y maestros es lo que desarrolla el corazón y puede educar a nuevas generaciones para abrazar la empatía, el amor incondicional y un mundo sin odio.

Pronto no quedarán testigos oculares y, para tratar de evitar que esos horrores vuelvan a suceder, nuestras historias deben ser transmitidas. Ya tenemos un día establecido para recordarlos, el 27 de enero, Día Internacional de Conmemoración en Memoria de las Víctimas del Holocausto. Espero que se convierta en una larga tradición a través de la cual las sucesivas generaciones puedan contar los hechos de una manera que llegue a los corazones de quienes los escuchan.

Agradecimientos

Quiero agradecer a todos los estudiantes que han escuchado mis charlas y planteado estas preguntas tan importantes. Las preguntas son más importantes que las respuestas. Solo al hacer preguntas se puede comprender de qué se trata.

Nunca obtendremos una respuesta inequívoca a por qué ocurrió el Holocausto. Pero a través de la compilación de todos estos qués, cómos y cuándos podremos dibujar una imagen del pasado, de las fuerzas visibles y ocultas que llevaron hasta aquello.

Después de una conferencia, levantarse y hacer preguntas no es fácil. A menudo uno piensa que lo que quiere preguntar es estúpido y se abstiene de hacerlo. Pero esa misma pregunta puede llegar a ser la que conduzca a la comprensión.

Su opinión es importante.
Estaremos encantados de recibir sus comentarios en:

www.plataformaeditorial.com

Vaya a su librería de confianza.
Tener un librero de cabecera es tan recomendable
como tener un buen médico de cabecera.

«El hábito de la desesperación es peor
que la desesperación misma.»*

«*I cannot live without books.*»
«No puedo vivir sin libros.»
THOMAS JEFFERSON

Plataforma Editorial planta un árbol
por cada título publicado.

---

* Frase extraída de *Breviario de la dignidad humana* (Plataforma Editorial, 2013).

A pesar de los años terribles marcados por su
reclusión en campos de concentración nazis, las
reflexiones del autor sobre el sufrimiento y la libertad
esencial del ser humano ponen de relieve en todo
momento el valor de la vida y nuestra capacidad para
sobreponernos a las peores adversidades.